U0336521

Richard Templar
泰普勒法则丛书

养育

让爱不再是负担

原书第4版
Fourth Edition

［英］理查德·泰普勒　著

高宏　译

The
Rules of
Parenting

机械工业出版社
CHINA MACHINE PRESS

北京市版权局著作权合同登记号　图字：01-2023-1008。

图书在版编目（CIP）数据

养育：让爱不再是负担：原书第4版 /（英）理查德·泰普勒（Richard Templar）著；高宏译. —北京：机械工业出版社，2023.11
书名原文：The Rules of Parenting，Fourth Edition
ISBN 978-7-111-74086-5

Ⅰ.①养… Ⅱ.①理… ②高… Ⅲ.①家庭教育-教育心理学 Ⅳ.①G780

中国国家版本馆CIP数据核字（2023）第198624号

机械工业出版社（北京市百万庄大街22号　邮政编码100037）
策划编辑：坚喜斌　　　　　　　　　责任编辑：坚喜斌　陈　洁
责任校对：王荣庆　张昕妍　韩雪清　责任印制：张　博
北京联兴盛业印刷股份有限公司印刷
2024年1月第1版第1次印刷
145mm×210mm·9.5印张·1插页·202千字
标准书号：ISBN 978-7-111-74086-5
定价：59.00元

电话服务　　　　　　　　　　　网络服务
客服电话：010-88361066　　　机　工　官　网：www.cmpbook.com
　　　　　010-88379833　　　机　工　官　博：weibo.com/cmp1952
　　　　　010-68326294　　　金　书　网：www.golden-book.com
封底无防伪标均为盗版　　机工教育服务网：www.cmpedu.com

献给 Rich

"我们是大地的稀世之珍，她的前车之鉴。生命是我们的呐喊。我们守住了初心！"

——《山》，鲁伯特·布鲁克（Rupert Brooke)

序 言

为人父母似乎无从准备。它考验你的耐力、勇气和情绪，有时甚至是你的理智。起初你为如何换尿布或如何给宝宝洗澡才不至于把他淹死之类的事情烦恼，但很快你就会发现，这只不过是冰山一角。就在你以为已经搞定了孩子童年的某个时期时，他们又长大了一点，新情况随之出现。学步、上学、谈恋爱、学车，真是永无止境。幸运的是，回报也是巨大的，与孩子玩耍时的乐趣、与孩子的拥抱和亲密无间的感觉都值得你回味。有时，你还会得到他们的感谢。当然，当你看到他们成长为令你骄傲的人时，那种欣慰之情也会让你感觉一切付出都值得。

为了让孩子顺利成长为一个快乐、健全的人，你要探索该做些什么、说些什么，在这个过程中你肯定会经历很多挫折，产生很多焦虑和困惑，甚至还要在灵魂深处寻找答案。这些正是本书要讲述的内容。

你现在走的这条路已经有数百万人走过了，其中一些人在不断试错后摸索出了一些规律，可能会对现在的你有用。在过去将近三十年的时间里，我曾两次组建家庭。这意味着我可能多次犯过常见的错误。但这也意味着我的朋友和孩子的朋友给了我机会，让我能观察他们的家庭，看其他父母是怎么做的。这个研究给我带来了无穷的乐趣。

有些父母似乎天生就知道怎么应对各种情况；有些父母会做

错一些事情，但在处理某些问题时却有很高明的办法。如果你像我一样长时间观察其他父母，就会发现一些策略、技巧和行为准则，它们能最大限度地激发孩子。你可以根据孩子的性格对其加以调整。这些育儿方面的态度和准则凝聚成了本书，它将指导你度过艰难时期，帮助你把孩子养大成人并挖掘他们的全部潜能，改善你和孩子的关系，让你们终身受益。

本书中的育儿法则并不是要揭示什么道理，它们只是对父母的善意提醒。其中很多法则都是常识，但是，当你在对付一个发脾气的小家伙或一个认为全世界都只为他而存在的青少年时，你很容易将这些常识抛在脑后。所以，即便这些法则看似很浅显，也值得再被重申。毕竟，重要的是与孩子建立融洽的关系。

乍一看，100多条法则似乎有点多，可对于一份工作来说，18年的"工期"可不算短。如果你有多个子女的话（双胞胎不算），那么这个"工期"会更长。你的孩子会经历断奶、穿尿不湿、学步、学说话、掌握读写算三项基本技能、上学、交朋友、工作等。说真的，100多条法则根本不算多。

如何能分辨出好父母？在我看来，这很简单，只要看他们的孩子就够了。出于各种各样的原因，有些孩子会遇到一些坎坷，其中很多并不能怪到父母头上，但是我发现，一旦他们离开家，你就能看出他们的父母是否称职。我认为如果孩子能在外照顾好自己，热爱生活并让周围人快乐，关心他人、为人善良，坚持自己的信念，他们的父母就是成功的。这些年来，我明白了哪种育儿方式能让孩子在18年后成长为上面所述之人。

当你想到作为父母自己所肩负的重大责任时，你会不由得停下脚步，惊叹不已。这些年来，你的一言一行都会对孩子产生重大影响，会决定他们长大后是过得一团糟，还是过得平稳。好的一面是，你现在就开始思考这一点了，所以自然而然就会去纠正一些小毛病或坏习惯，同时还会学习一些对你和孩子都有用的法则。

错误的育儿方式很多，但正确的也不少。本书就为你提供了一些可以遵守的准则，你可以根据自己和孩子的情况对其进行调整。不要对这些法则生搬硬套，否则你很有可能失败。我看到有些父母用各种新颖、有创意、跳出窠臼的方式来解读这些法则，都很成功。重要的是把握这些法则背后的精神，而不是拘泥于其字面意义。比如，有些优秀的父母让孩子在家上学，自己教育他们；有些出色的父母让孩子上公立学校；还有些父母同样是成功人士，他们的孩子就读于公立寄宿制学校。只要有了正确的态度，其他的自然顺理成章。

谁都做不到在18年内每天都准确无误地遵守这些法则，这一点我个人可以证明。据我观察，就连那些非常优秀的父母都会在某些方面犯错。只是他们的错误并不严重，犯错也不太频繁，而且他们能立刻认识到自己出了错。认识到自己哪里出了错并吸取教训，这一点至关重要。据我对那些孩子的观察，父母能做到这些，孩子就会顺利成长。

我还想提一点（你听到这个可能如释重负），这些法则中没有一条要求你一丝不苟地给孩子梳头，或者每天都一定要让他们有干净的袜子穿。能做到这些当然非常好，但是我也见过一些父母没有这样做，他们孩子的头发乱糟糟的，而且压根就不穿袜子，但他们却把孩子养育得很好。

这些法则讲的都是要害问题，关乎孩子的态度、价值观和自我形象。这些法则会让你和孩子欣赏彼此，享受生活，尊重他人。它们都很宽泛，既适用于传统的核心小家庭，也适用于一些像单亲家庭或重组家庭这样的现代形式的家庭。

当然，我并不是说你要遵循的法则只有本书的 100 多条。这些只是我观察到的一些重要的法则，如果你有什么好的育儿法则，我非常愿意倾听并将其收集起来。

理查德·泰普勒

如何使用这些法则

　　为了生活得更快乐、更成功而去阅读一本讲了 100 多条法则的书，可能有点令人生畏。我的意思是，该从哪里开始？你可能发现自己已经在遵循其中一些法则，但怎么能指望一下子就学会几十条新法则并将其全部付诸实践呢？不要惊慌！记住，你无须做任何事情（如果你做了，那是因为你想这样做）。让我们把这件事控制在一个可管理的水平，这样你就有信心继续做下去。

　　你可以用任何自己喜欢的方式来做这件事。不过，如果你想要点建议，那么我的建议是这样的。翻阅本书，挑出三四条你认为会对你产生重大影响的法则，或者初次读到时让你眼前一亮的法则，或者对你来说似乎是一个不错的起点的法则。把它们写在这里：

_____

_____

_____

_____

_____

　　你只需下功夫实践这些法则，坚持几个星期，让它们在你这里变得根深蒂固，直到成为你的一个习惯，你无须特别费力就能应用它们。做得好。现在，你可以重复这个练习，再写上几条你接下来想实践的法则。把它们写在这里：

_____

_____

_____

_____

_____

很棒！你的进步可真不小。按照你自己的节奏继续践行这些法则，不要着急。不久你就会发现自己已经真正掌握了所有对你有帮助的法则，而且越来越多的法则会成为你的习惯。然后，恭喜你，你成了一个合格的"法则玩家"。

目　录

第三章 关于日常行为的法则

第四章　关于规矩的法则

第五章　关于性格的法则

第六章　关于兄弟姐妹的法则

第七章　关于上学的法则

第八章　关于青春期的法则

第九章　关于应对危机的法则

第十章 关于成年子女的法则

第十一章 附加法则：关于祖辈的法则

第十二章　其他不可错过的人生智慧

第一章

关于理智的法则

　　本书分为 12 章，我先从关于理智的法则讲起。毕竟，如果你连这一点都做不到，其他法则也就都毫无意义了。

　　如果你是个新手父母（或者即将初为人父或初为人母），我可不想让你觉得当父母的主业便是不让自己发疯，或是在接下来的 18 年里让自己在疯狂的边缘努力克制自己。事情绝非如此夸张。只是在有些时刻你的确会失控，要特别当心这样的时刻。幸运的是，这样的时刻极少。不过当我说我们都会有这样的时刻时，你一定要相信我的话。老实说，即使对那些按法则行事的父母来说，这些时刻也很难挺过去。

　　其实，如果你能保持理智，就会觉得养育孩子这件事乐趣多多。理智很重要，不仅因为对你很重要，还因为孩子需要理智的父母。一旦掌握了某些法则，你就会发现，即使周围的人都在大喊大叫，你也能在它们的帮助下冷静下来。

法则

001

放　松

　　哪些父母称得上是优秀父母？是那些天生就知道该说什么、做什么才能让孩子快乐、自信、健康成长的父母吗？你有没有想过他们为什么如此精于此道？现在再想想那些你认为做得不怎么样的父母。他们为什么不行？

　　我认识的所有优秀的父母都有一个关键的共同点，那就是他们在养育孩子这件事上都很放松。所有糟糕的父母都对某些事情有执念。也许他们并不为自己当不好父母而感到焦虑（也许他们应该焦虑），但他们对某些事情的执念却会对成为真正的优秀父母产生影响。

　　我认识一对对干净和整洁已经到了神经质程度的父母。他们要求孩子必须在门口脱鞋，即使鞋子很干净也要换。如果孩子把什么东西放错地方或把什么弄乱（即使后来被清理掉），这对父母就会非常焦躁。这让他们的孩子总是担心裤子上会沾上草渍或打翻番茄酱瓶子，根本无法放松下来开开心心地玩耍。

　　我有一个好胜心很强的朋友，他的孩子因此总是承受着巨大的压力，哪怕参加一场友谊赛，也想要赢。我还有一个朋友，每当她的孩子擦伤膝盖时，她就会焦躁不安。我敢说，在你认识的人中，你肯定也能想到很多类似的例子。

相比之下，我遇到的真正优秀的父母都允许孩子吵吵闹闹、乱蹦乱跳、满身泥巴。他们对这一切都泰然处之，因为他们知道自己有 18 年的时间，可以慢慢地把这些小朋友调教成受人尊敬的成年人。他们会把握好自己的节奏，不急着让他们表现得像个成年人（时间很充裕，他们早晚会长大）。

我们都知道，尽管有些父母还无法像那些优秀的父母那样掌握它，但随着时间的推移，实践这条法则会越来越容易。

在养育第一个孩子时，你很难彻底放松，但当你家最小的孩子也长大成人离开家时，放松对你来说就容易多了。对于小宝宝，你只需关注他们的基本生活需求（保证其健康，不会太饿，也不会太不舒服），无须为其他事情操心。如果你把他们的扣子摁错了，或是没空给他们洗澡，或是周末外出时忘记给他们带睡觉的东西（是的，我有一个朋友就是这样，但她并不紧张，因为她是一个懂法则的妈妈），这都没关系。

如果你能在每天结束的时候好好歇一歇，喝上一杯酒（不过，我不鼓励父母靠喝酒渡过难关，可以只为放松一下），然后愉快地对配偶说"管他呢……他们都还活着，所以咱们肯定是做对了什么"，那再好不过了。

————————

真正优秀的父母都允许孩子吵吵闹闹、
乱蹦乱跳、满身泥巴。

法则
002

人无完人

你有没有想过，拥有完美的父母是什么感觉？好吧，那就现在想一想。设想一下，在你成长的过程中，你的父母完美无缺（我敢说他们绝不是这样）。他们的行为像教科书一样——永远都是对的。这听起来很有趣吗？当然不是。

听着，孩子在成长过程中需要反抗一些东西。他们需要有指责的对象，这恐怕就是你的任务了。所以，你不妨给孩子们一些可以让他们责怪的东西。

那么让他们指责什么呢？当然不能是什么残忍的事情或虐待行为。你得选择一样颇有道理的事情，并且表现出一点人性的弱点。也许你有个火爆的性格，一点就着？也许你给他们的压力有点大？或者你有点神经质，总想让一切都干净整洁？对，想起来了，还有个更好的办法，那就是顺从自己的天性中的不完美就行，这样你就不必花什么心思了。你很可能有一两个性格缺陷，它们会在这里派上用场。

当然，这并不意味着你不用再努力提升自己的育儿技巧。别的且不说，如果这样的话，本书的其余部分就纯属多余了。这只是意味着，当你离自己制定的标准还差一点儿时，不要太为难自己。如果你永远都不能出错——哪怕只是稍有差错，那么你给孩子树立的是什么样的榜样呢？我本人不希望我的父母如此，估计你的孩子也不希望自己的父母如此。

　　反正你的孩子总得因为什么责怪你，这是很自然的事。就算你完美无缺，他们也有理由指责你。你赢不了。你只能希望，最终，特别是他们当了父母以后会逐渐意识到，其实他们应该因为你的不完美而感谢你。

反正你的孩子总得因为什么责怪你，这是很自然的事。

法则

003

—

知足常乐

知足的父母会养育出知足的孩子。从我自己的成长经历来看，我发现，父母越是焦虑不安，孩子就越无法过得放松、自在。所以，你一定要尽可能地快乐、放松，这才是最合情合理的。

但这并不是说你每次发火或不开心时都要自责，觉得自己没做好。恰恰相反，孩子们要学会读懂父母的情绪，要认识到每个人都会有不快乐的时候。人人都会有不顺心的时候，也都会经历艰难困苦，这些会影响我们的心情，不过我们也能对一些事情加以控制。在生活中的某些方面，我们可以做出一些令自己更快乐的选择。某个选择能减轻我们的压力，这一事实本身就为我们做这样的选择提供了很好的理由。这里我讲的并不是管理日常的情绪波动，而是指做出一些能够长期降低你的压力水平的重大决定。

所以，如果母乳喂养让你感觉糟透了，尽管你真的已经坚持了一段时间，但它已让你的压力水平直线上升，那你就要给孩子喂奶粉，不用管别人怎么说三道四。当然，理想的情况下，母乳喂养更佳，但现实生活中怎么可能事事如意？对于一个快乐的宝宝来说，有时候奶粉喂养才是更好的方案。

再举一个例子。有些家庭觉得出国度假会带给他们很大的压力。是的，出国度假本该令人很放松，你"应该"享受这样的假期，可事实上，你似乎无法从中获得那么大的乐趣。我曾经看到有人将出国度假称为"换个地方继续打工"。是啊，要花很大精力把一切安排妥当，要买很多可能需要的东西，还要把这些东西都运过去，甚至可能还要打疫苗。你带着烦躁不安的孩子长途跋涉，结果到了目的地后却发现孩子难以应对急剧变化的温度，脾气很坏，什么都不吃。这好像不是让一个平静、快乐的家庭尽情享受欢聚时光的好办法。那为什么不让自己休息一下呢？你可以在国内找个地方度假。这个地方可能没有国外的异域风情，但会让你更放松，更充分地享受假期。这当然会让大家皆大欢喜，对吧？你可以等孩子长大一些再考虑带他们出国度假。

说到底，你的心情与你的育儿策略、你的家庭生活方式同等重要，甚至更重要。所以，不要让任何人的想法影响到你，让你产生负疚感。不管你采用什么方式，如果它能让你更放松，能减轻你的压力，也许就是正确的方式。

———————

你的心情和你的育儿策略同等重要。

法则

004

知道自己擅长什么

当我家老大还小的时候，我总是嫉妒那些能跟孩子们一起踢几个小时足球的爸爸们。我感到有点内疚，因为我总敷衍了事地跟我的孩子踢几分钟足球。踢足球不是我的强项。

我的一个朋友在自己花园里给他的孩子建造了一个奇妙的树屋（我的孩子问我："爸爸，我们为什么不能拥有一个像他们那样的树屋呢？"）。有位妈妈每次聚会时都会为孩子设计复杂、有趣的寻宝游戏。还有位妈妈每周都带女儿去上我女儿也在上的芭蕾课，可她却设法让自己看起来很享受。这样的例子我可以一直说下去。

看到这里，你可能比我先明白是怎么回事了。我只盯着他们能做而我不能做的，但其实我也能做很多他们不能做的事情（所有这些事情我都认为理所当然，但它们其实也很重要）。

比如，我喜欢为孩子们大声朗读。我是一个特别外向的人（好吧，我有点爱出风头），我很喜欢花几个小时为孩子们声情并茂地读长篇故事。但这一切都是自然而然地发生的，所以直到几年后我才意识到，这其实是一种和建造树屋、陪孩子踢足球同样宝贵的技能。

当我难得地跟孩子们一起踢足球时（这种时候很罕见），我很清楚，我之所以这么做，只是因为我觉得应该这么做。这个理由还不错，而且这么做下去也是值得的，但我从未像那位朋友那样满腔热情地投入其中，并且感染他的孩子们。同样地，他或许也不能像我那样给孩子朗读故事，或者做一碗好吃的意大利肉酱面。

关键是按法则行事的父母要知道自己擅长什么。我们并未放弃做其他事情，但我们会发挥自己的强项。如果我们足球踢得特别差，就多读些故事；我们能自己烘焙出很多美味的甜点；我们在陪孩子们学钢琴时有无尽的耐心；我们会教孩子们怎么修车；我们跟孩子们一起饶有兴趣地研究摩托车、兴致勃勃地观看《星球大战》（*Star Wars*）或《彩虹小马》（*My Little Pony*）。

你要知道自己擅长什么，而且要对自己的长处有信心，这很重要。这样的话，当你看到其他家长做一些你永远无法企及的事情时，就不会有无力感。毕竟，我们都知道，那些家长也不是样样都行。每当你感觉自己心里泛起一丝嫉妒时，不妨停下来提醒自己：在有些事情上你也很厉害。

按法则行事的父母并没有放弃做其他事情，
但他们会发挥自己的强项。

法则

005

任何法则都可能偶尔被打破

如果你是个家长，就必须遵守一些规则、制度、程序和原则。比如：不要给孩子们吃垃圾食品；不要让孩子们熬夜；不要让孩子们看电视上瘾；不要让孩子们说脏话，除非他们已经足够大。

我们这些按法则行事的家长还明白，只要理由充足，几乎每个法则都可以被打破。是的，你应该给他们吃健康食品，并实行专家推荐的"一天五餐"制，可是如果你忙了一天，疲惫不堪地回到家，那么给他们吃一次炸鱼条也不是什么大不了的事情。

关键是你要想清楚，如果打破这条法则，最坏的情况会是什么。当然，如果你在行车中不系安全带，后果可能不堪设想，所以最好还是遵守它。不过，如果你筋疲力尽，没给孩子洗澡就上床睡觉，这能有多糟糕呢？

记住，本章讲的是保持理智的法则。这些法则的重点是：要认识到，对你的孩子来说，拥有理智、放松的父母比从不吃炸鱼条更重要。有些父母认为必须随时遵守每一条法则，但这让他们的生活太难了，他们会为一件芝麻大的小事而自责不已。

有一次，我们带两个孩子出去玩，我们先是去乘坐蒸汽火车。小的那个当时刚出生几星期，另外一个2岁。当我们到了目的地并从汽车里出来时才意识到，那个2岁的孩子没穿鞋。当然，现在有一条不成文的规定，不穿鞋就不能乘坐蒸汽火车。但当时我们有两个选择：放弃乘坐火车，或者让孩子光着脚乘坐蒸汽火车。那个2岁的孩子当然喜欢第二个方案，于是他便朝火车走了过去。

而这让我和妻子有了两个选择：为此自责或顺其自然。嗯，我们都知道，唯一明智的符合法则的选择是放手不管。我们（和我们2岁的孩子）要么开开心心地让孩子赤脚玩一天，要么让一件无法改变的事把我们搞得焦虑不安，这既毁了他的一天，也毁了我们的一天。碰上这种事情，就得打破某个法则（不过，这一天可不适合打破"睡觉前洗澡"这个法则）。

这个故事告诉我们，如果你坚持每次都要遵守每条法则，你就违背了法则5。

――――――

我们都知道，唯一明智的符合法则的选择是放手不管。

法则

006

不要试图做所有的事情

你希望自己的孩子长大后做什么？是冠军骑师、芭蕾舞演员、科学家、职业足球运动员、音乐会小提琴手还是演员？当孩子还小的时候，你很难确定，所以你也许应该给孩子报兴趣班，把所有选择机会都留给他们自己。这样的话，他们以后就不会抱怨你没有从小培养他们，导致他们什么都不会，都是你的错。

当然，这确实让人感到有点忙乱。星期一学足球，星期二学戏剧，星期三学单簧管（之后还要学游泳），星期四学跳芭蕾舞，星期五学体操，周末还要上马术课。这还只是有一个孩子的情况。要是你有两三个孩子，那就有好戏看了。

等等。少了些什么？在花园里开心地玩耍的时间呢？自娱自乐的时间呢？如果每个星期都这样安排，孩子怎么才能有空闲时间看漫画、四处闲逛，或者盯着天上的云朵发呆？这些也都是成长过程中不可或缺的部分啊！

上学、训练、课外班——有些孩子的生活就是这样连轴转，对吧？如果让他们自己照顾自己几天，你知道会发生什么？比如，让他们去某个美丽、宁静的地方（山里、海边或乡间）度假，他们会茫然无措，这就是会发生的事情。他们不知道该怎么享受生活，因为他们从来没有时间学习这个。这会导致他们成年后很苦闷。他们永远放松不下来，因为没人教他们如何放松。

不要惊慌。我并不是在建议你禁止孩子参加所有课外活动。这个做法也不可取。不过我建议你限制一下，比如，每周参加两个活动。而且让孩子们来选择参加哪两个活动。你不能因为自己小时候学过小提琴，就让你的孩子也学；或者你因为从没学过小提琴，感觉很遗憾，就想让你的孩子来弥补一下。如果他们还想学别的什么，就得放弃当前的某个兴趣班，以便能腾出时间。（是的，如果孩子讨厌跳芭蕾舞，可以放弃，即使老师真的说过孩子很有天赋。）

还记得法则 1 中那些冷静、放松的父母吗？你认识的那些优秀的父母中，有多少人在一个星期内马不停蹄地带孩子上各种课外班？一个也没有。他们会让孩子们学习几种他们真正感兴趣的技能，然后用其余的时间自娱自乐：打扮、做拼图、玩泥巴、用空麦片盒子做手工、在花园里找虫子、把所有的玩具恐龙排成一排、读那些对他们来说很幼稚的书、做他们那个年龄该做的事，因为这对他们的成长有好处，而且他们也不会打扰你。

是的，如果孩子讨厌跳芭蕾舞，可以放弃，
即使老师真的说过孩子很有天赋。

法则

007

不必对他人的建议言听计从
（包括这一条）

你的妈妈怎么跟你说来着，喂奶的时候每隔十分钟就要给宝宝拍嗝。哦，还有你的婆婆，她说最好给宝宝买那些不需要套头穿的衣服。当然，还有你的闺蜜，她建议你不要买婴儿睡篮。不过你姐夫说他家的婴儿睡篮可是他们的救星……

而这只是个开头。当你有了宝宝后，你得到的建议多得吓人。而且，18 年后，它们还在源源不断地向你涌来："哦，不要让他们去上大学。完全是在浪费时间，让他们去找个工作。""他们已经 18 岁了，你得让他们搬出去，否则，他们到了 30 岁还会赖在这儿。""不要给他们买车。让他们自己攒钱买车。我们就是这么干的。"

只有一个人的话你必须无条件听从，那就是你自己。如果你是和伴侣一起养育孩子，那么你可能也要考虑他们的想法，这样做是明智之举。但听听就行了，否则你会疯掉。你是要保持理智的，还记得吧。

我并不是说你不该听取他们的意见，如果你想听的话，当然可以听，你甚至可以选取一两条有用的建议。但是，即使他们说得对，你也不必非要按他们说的做。某个特别的方法、策略、装备、体系或技巧可能对别人有用，但并不意味着对你也有用。每个孩子都不一样，每个家长也都不一样，所以别人的建议可能鲜少适用于你。

　　我的邻居曾经就是否该尝试让她刚出生的宝宝养成喝奶和午睡的习惯征询过我的意见。但这是没有意义的，因为我们的行事风格有天壤之别。她精准、讲秩序、有条理，如果有什么做得不尽如人意，她就会特别焦虑不安。而我则悠闲得多，很乐意让我的孩子累了就睡、饿了就吃。

　　按法则行事的父母很自信，他们拒绝接受那些听起来不适合他们的建议。所以，你当然可以听各种建议，但要把它们放在你的过滤系统里过滤一下。如果某条建议给你的感觉不对，那它可能就真的不合适你。你只需礼貌地笑笑，对对方说："谢谢。我会记住这个的。"

----

*某个特别的方法、策略、装备、体系或技巧可能
对别人有用，但并不意味着对你也有用。*

法则

008

想逃避孩子是正常的

咱们来聊聊禁忌话题。死亡、毒品……或者来个重磅的，你是否承认有时候讨厌自己的孩子，甚至想要抛弃他？

当然，你永远不会承认你可爱的小宝贝是个小讨厌鬼。你可以自嘲，可以开开玩笑，但不能真的让他们知道有时候你恨不得躲他们远远的。你怎么能这样呢？你的任务就是爱他们。如果你爱他们，自然就会爱他们的一切。当他们要你每天晚上给他们读同一个无聊的故事而且一连读三个月时，你应该满脸疼爱地朝他们微笑；当他们大声尖叫着四处乱跑时，你应该满怀喜爱之情地凝视着他们；当他们第 25 次重复那个一点也不好笑的笑话时，你应该跟他们一起哈哈大笑。

有意思的是，我们都觉得讨厌别人家的孩子很正常（不是要你当着他们的面这样说）。所以，我们都知道孩子有时候确实招人烦。由此可以推出，你自己的孩子有时候也会让你抓狂，这很正常。

事实上，孩子很精于此道。几乎从出生那一刻起，他们就开始这么干了。新生儿啼哭就是为了迫使你对其采取某种行动。好家伙，真有用。从这时起他们就会时不时地让你苦恼了。不过这并不是他们的错。实际上，最令你内疚的就是你知道并不是他们的错，不该生他们的气。可是，当他们因为出牙让你一连三个晚上睡不了觉时，你就很难对他们产生同情心了。你知道你应该同情他们，可是其实你恨不得他们能闭嘴，让你睡个好觉。瞧，只是一颗牙齿，就把你折腾成这样。

嗯，告诉你一件事，父母都会时不时地有这种被烦的感觉。事实上，在孩子的某些阶段，你一天会被烦 50 次，在其他阶段，每星期只有一两次。

这很正常，你只需接受它。如果哪个当父母的不承认这一点，就是在撒谎。你不可能让孩子不去烦你，但也不必感到内疚。

关键是要记住，它是双向的。你还记得自己小时候多烦父母吧？孩子们会让你抓狂，你同样也会惹他们厌烦。所以，你们扯平了。

———————

我们都觉得讨厌别人家的孩子很正常。

法则

009

你可以藏起来，不让孩子找到你

如果法则 8 说的是你可以允许孩子让你抓狂，那么你自然也可以对其做点什么。就我个人而言，我赞成跑掉，找个地方藏起来。我说的是真的，我就曾快步跑进离我最近的柜橱，屏住呼吸，直到孩子们都离开房间后才出来。

你知道那种感觉。你能听到孩子们离你越来越近，叫嚷着："我要告你的状！""不，我要告你的状！"你一听就知道他们打算来找你告状，但你不知道他们谁对谁错。按法则行事的父母该怎么做？嗯，在我看来，答案显而易见：藏起来。而且，你知道吗，他们几乎总是会在找不到你的情况下自己把问题解决掉。

很多育儿书都会告诉你，如果孩子们调皮捣蛋，你可以用"面壁思过"来惩罚他们——就是让他们回自己的房间，或者站在"淘气角"里（不要让我谈起这个），直到他们平静下来。这个方法很有用，可是，为什么光让孩子享受"躲开一切"的乐趣呢？父母也应该"面壁思过"。如果你需要平静下来，也可以用这个方法奖励自己。这意味着你可以用各种方式离开孩子，包括藏起来。

很多年前，有个朋友曾经告诉我（就在我家老大出生前不久），有时候她感觉养孩子让她精疲力竭，烦透了，她真想发火。这让我感到不妙，于是我问她是怎么应对的。她告诉我，只有一个解决办法，就是把孩子放在房间中间的地板上，确认孩子不会受到任何伤害，然后躲得远远的，这样就听不到孩子的喊叫，直到自己恢复平静后再回来。

为什么那么多父母都已经快崩溃了，还觉得不该这么做？因为他们认为，身为父母，如果这样做，就说明他们在某个方面是失败的，但其实他们采取的是最合乎常理的解决办法。按法则行事的父母都明白：我们也是人，有时候也需要跑开，找个地方藏起来。这样的话，当我们清醒地返回来时，我们就能更好地履行父母的职责。

我就曾快步跑进离我最近的柜橱，屏住呼吸，
直到孩子们都离开房间后才出来。

法则

010

父母也是人

上一次没带孩子去外面吃饭是什么时候？上一次跟朋友彻夜聚会，一次都没提到孩子是什么时候？上一次喝醉是什么时候？上一次花半天时间修理发动机，或在花园里漫步，或像有孩子前那样消磨快乐时光是什么时候？

希望不是太久以前。如果你对此放任不管的话，成为父母会夺走你的生活。按法则行事的父母要知道何时关闭开关。当然你只是处于待命状态，并不是真的不管不顾了。但在待命状态下，你也可以获得很多乐趣。

如果养育孩子成为你生活的全部，那么这会给孩子带来巨大的压力。这一点格外重要。在某种程度上，他们会意识到，你的个人成就完全建立在他们的表现和成功之上。对一个孩子来说，这个负担太沉重了。

当孩子只有几个月大时，你很难遵守这条法则，但你要尽可能早地确定你接下来的生活方式。为了孩子，你需要有自己的生活，否则，他们慢慢长大后就很难有属于他们自己的生活。无论如何，如果你把自己关起来，让自己的全部生活都围着喂奶和哄孩子午睡转，几年后，你就会发现自己没朋友了。这对你有什么意义呢？

多年以来，我注意到，我最钦佩的那些按法则行事的父母总是会有一些跟当父母毫无关系的兴趣爱好。也许他们有自己热衷的事业，或是每年独自去度一次假，或是绝对不会错过星期四的网球赛，或是每星期六都去划船，或是看杯赛决赛，或是浪漫一下，或是做其他什么能让他们保持理智的事情。

我知道这很难，时间很宝贵。当然，跟有孩子之前比，你去夜总会的次数少了。但是，你一定要坚持做一些自己喜欢做的事情。否则，当孩子们 18 年后终于离开家时，你就不知道一个人该干什么了。

我最钦佩的那些按法则行事的父母总是会有一些
跟当父母毫无关系的兴趣爱好。

法则
011

不要忽略与伴侣的关系

这条法则人人都懂，但很难真正做到这一点。很多夫妻只是嘴上说说，但真正将其付诸行动的却屈指可数。不过，我们都知道，这条法则极为重要，如果你不想一个人包揽育儿任务的话，就必须重视它。

你爱这个人，爱到想和他／她生孩子的地步。这是很严肃的事情。这个人应该依然是你生命中最重要的人。跟孩子比起来，他／她可能不会占用你那么多时间，也不会要求你给予那么多关注，但你依然要爱他／她。有了孩子，你们的关系会不一样，其变化之大将超出你的想象，但 20 年后，你和你的伴侣又将重新回到二人世界。如果你不把他／她放在生命中最重要的位置，到了孩子们离开家的时候，你就会苦不堪言。孩子也一样，他们离开家已经够难的了，还要承受因自己离开家而毁掉父母生活的痛苦。所以，孩子需要知道父母一直深爱着彼此。这会让他们解放，去过自己的生活。他们最终将找到另一半，而且爱对方会超过爱你们。

要想做到这一点，办法之一是做好后勤保障。你和你的伴侣要争取每星期一起出去玩一次。如果请不起保姆，就找其他父母帮忙，轮流照看彼此的孩子。然后你们就去公园散散步，或是去吃炸鱼和薯条。一起做点什么都行，只要你们能继续像从前那样过"二人世界"就好。

如果这很棘手（如果你有不止一个孩子，就知道我是什么意思了），那就带小一点的孩子一起出去散步，不过你们要多聊聊彼此，而不是喋喋不休地说孩子昨天做了什么。

还有性生活。是的，当你们精疲力竭、忙着照看宝宝或宝宝就在你们旁边的小床上看着你们时，你们抽不出时间，或者根本无心想这事。但你们依然可以留出一个晚上，一起吃一顿特别的晚餐，或是看一部爱情片，然后动情地爱抚一下彼此。我估计你们也都听说过这个方法，它也很有效。如果你们能够在这上面花心思，真正给予对方爱和关注，你们会发现特别值得。对于夫妻生活，一定要注重质量，而非数量。等孩子稍微长大一些，没准你们又能拥有完美的性生活了。

————

你爱这个人，爱到想和他/她生孩子的地步。
这是很严肃的事情。

第二章

关于态度的法则

　　成为按法则行事的父母的一个重要因素是端正态度。一旦你学会以正确的方式来看待孩子，思考你要做的事情，其他的自然就会水到渠成。

　　因此，本章讲的就是如何拥有按法则行事的父母所秉持的那种态度，即对孩子的态度和对父母这一角色的态度。为了尽可能地享受亲子时光，为了用孩子需要的方式养育他们，你要能看到孩子所展现出的最好的一面。如果你把他们视作魔鬼、天使，或以其他任何消极的、不切实际的眼光看待他们，你就会发现接下来的几年很煎熬。

　　重中之重在于，一开始就要建立正确的亲子关系，这样你的孩子才能成长，然后慢慢变得独立。而你也会和他们一样，在这个过程中受益良多。

法则

012

仅有爱是不够的

"你能给孩子的最重要的东西是爱"，你听过多少次这种陈词滥调？是的，爱当然必不可少。我觉得我们都能做到这一点。但是，如果这就是你给孩子的全部，那他们的缺憾可就太多了。

嬉皮士风格的父母（我了解他们，因为我曾经就是这样的家长）似乎经常把孩子想象成这样：可以自由自在地狂奔，无忧无虑，因为他们知道父母爱他们。这样的父母认为千万不要想着去约束孩子（控制孩子）或限制孩子的行为（给孩子套上枷锁）。

我以前住在格拉斯顿伯里，所以看到了一些以这种方式长大的孩子。一旦他们成年，就会发现很难进入现实世界，很难和朋友、同事建立正常的成年人之间的关系。他们当中有些人18年来一直吃的是发芽的鹰嘴豆，所以觉得正常的饭菜难以下咽。我甚至认识一对夫妇，他们为了从自己的父母身边逃离，直接搬去了国外。

为人父母，你必须得给孩子爱。但是，你还必须给他们其他几样东西：纪律、自律、价值观、建立良好关系的能力、健康的生活方式、各种兴趣爱好、良好的教育、宽阔的心胸、独立思考的能力、对金钱价值的了解、增强自信的方法、学习能力，还有偶尔要给他们理个发。

没人说这很容易。有了孩子就等于承担了一份重要工作，你的余生都要为之辛苦。不要以为你只要爱他们就能自诩为一个"了不起的家长"。不管什么时候都不能让他们想干什么就干什么，这对他们没好处，所以你必须参与进去，这意味着要付出血泪和汗水。不过，看看你周围，很多父母都做得很好，所以这件事应该也没那么难，但你也必须认识到，摆在你面前的是个艰巨的任务。幸运的是，你有 18 年的时间来完成这一切。

————————

有了孩子就等于承担了一份重要工作，
你的余生都要为之辛苦。

法则

013

因材施教

法则 12 提到父母不能只是爱孩子，还要为孩子做很多事情。那么究竟要做些什么呢？嗯，这不是一个简单的问题。这要看孩子的个性和你的具体情况。

你不能简单地遵循一套指令，不假思索地把它套用到你的每个孩子身上。孩子无法接受这个做法。我有个朋友用同一套方法养育了三个孩子，一切都很顺利。然后，老四出生了。他跟前三个孩子截然不同，看世界的方式跟他们完全不一样。他不能接受权威，也很难理解别人。他很讨人喜欢，但也很古怪。比如，他坚持每天晚上穿衣服睡觉，理由是如果第二天一醒来就要穿衣服，那睡前脱掉它们就毫无意义。

我的朋友时常跟他们的这个儿子起冲突，因为这个孩子不能像其他三个孩子那样满足他对乖孩子的期望。不过他们很理智，会一起坐下来讨论什么对他有用，什么没用，以及为什么。他们还思考了按给其他几个孩子设定的标准来对待他是否公平，是否有效。他们调整了某些法则，其他的原封未动。具体是哪条并不重要，重要的是他们真的在思考自己所做的事情，以及为什么这样做。

而且，你知道发生了什么吗？他们开始质疑自己对待三个大一些的孩子的养育方式。结果发现，这一过程也让他们和这三个孩子之间的亲子关系更上一层楼。

他们的秘诀就是关注所有和孩子起冲突的地方，还要注意那些让某个孩子感到难过或不安的事情，询问一下原因，思考一下自己能帮上什么忙。

关键在于，如果你不对自己所做的事情进行思考，就很难把它做对。就好比如果你不想好要买什么就跑去购物，就会从超市拎回来各种没用的东西；或者如果你在出发前不思考为什么去度假，就不太可能玩得很开心。同样地，如果你不思考如何养育孩子，可能就会胡乱应付过去，但却未能为他们倾尽全力。

如果你不想好要买什么就跑去购物，
就会从超市拎回来各种没用的东西。

法则
014

不能走极端

　　我知道有些家长从不让孩子看电视（注意，这样的人并不多），有些家长只给孩子吃素食，还有些家长给孩子穿的全是粉色的衣服。我甚至还知道有些家长让孩子每天早上六点半起床，假期也不例外（在世界上有些地方，这样做可能很正常，但在英国绝对不正常）。

　　瞧，这就是症结所在。这些事情可能本身并没有错，但你的育儿方式不能让孩子跟同龄人格格不入，绝对不行。这会破坏他们的自我认同感，让他们不自信。

　　就我个人而言，我觉得如果有这样一个世界，那儿的孩子从不看电视（以前我们不是有过这样的时候吗），可能是件很好的事。但是现在，孩子的朋友都在看电视，这时候你再不让自己的孩子看，就不可行了。当然，你对孩子这方面的要求可以比他朋友的父母要严格一些，但不要全面禁止他们看电视。孩子也想融入他们的小社会，任何让他们显得与众不同的东西都会让他们难以应对。

在谈到育儿的大多数方面时（入睡时间、零花钱、看电视、音乐练习、着装风格、食物等），你要知道自己的社交圈子内通常会有一个可接受的行为范围。如果你的态度和家规都在这个范围内，那你就做得很好。但是，如果你在住哪儿、让孩子跟谁一起玩儿这些事情上想跳出这个"正常"范围，那还是要仔细想一想，不能轻举妄动。如果你愿意，你的决定可以无限靠近边界，这当然可以，不过，一定要注意那些无形的边界，不能出界。

我以前认识一个孩子，每当她表现不好，她的父母就用尺子打她。他们是从另一个国家来的，在那儿，这类事情很正常，但在这个可怜女孩的同学或朋友中，没有谁的父母会用这种方式惩罚他们。她不知道该怎么看这件事，事实上，有很长一时间，她都对那些不按她的意愿行事的孩子进行身体攻击。她父母对她的态度并未在她的老师或同龄人身上得到印证，所以她完全糊涂了。

我的一个孩子在上学时，学校要求家长每天给孩子带午餐。他的很多朋友的饭盒里装的都是巧克力、薄脆、饼干、蛋糕。我很清楚，如果我给孩子的饭盒里也装这些东西，他肯定就只吃这些，但我还是想让他吃得健康一些。不过，他能吃到很多虽然没那么健康、但也还过得去的食品，而且我偶尔会带他到饭店打打牙祭，因为如果不这样，那就太不公平了。

一切都是相对的，这就是我想说的。对于大多数育儿方面的态度，我们不能简单地用对错来衡量。有些事情明显是错的，但有些事情在某个时间点或地点来做就是对的，而换个时间点或地点来做则是错的。你必须学会调整自己的风格以适应孩子的世界。

任何极端的做法通常都是错的，很简单，因为它走了极端，不管它在其他方面对不对。

孩子也想融入他们的小社会，任何让他们显得
与众不同的东西都会让他们难以应对。

法则
015

见到孩子要笑脸相迎

有件事真的让我很生气。我已经数不清有多少父母这样做了。当孩子放学回家或者在外面玩了一下午回来时，还没等孩子进门，父母就大喊："鞋子上全是泥巴，快脱掉！"或者"赶紧做作业！做完再干别的。"

我有一个朋友，有一天中午，他在学校体育馆摔倒了，头上起了个大包。在那个年代，如果发生这种事情，学校是允许学生自己回家的。这个朋友便回家了。当他出现在门口时，她的妈妈正忙着清理厨房的地板。她的妈妈抬起头，看到她后顿时眉头一皱，说道："你不能进来。地板是湿的。"

父母这样做，孩子怎么知道父母爱他们呢？毕竟，他们的父母对宠物、爷爷奶奶、他们的朋友甚至邮递员都比对他们热情。

还有些家长的做法是，当孩子们进门时不去理会他们，就好像他们是件家具。这种做法同样不对，因为根本不关注他们和给他们负面关注（对他们大喊大叫的另一种说法）同样糟糕。

平时上学的时候，每个人都匆匆忙忙地吃早餐。但是，对孩子和颜悦色根本不会占用你的时间。说实在的，如果你想给孩子梳头发或给他们添饭，任何能让他们安安静静地坐着的办法都是值得的，对吧？

给他们一个微笑，或许再来一个拥抱（除非他们大了，不愿意让你抱），这能有多难呢？这只是一件小事，但对孩子来说却意义重大。他们只是想知道，你很高兴看到他们。

如果孩子的鞋子真的很脏，而你刚刚打扫了厨房的地板（有人可能会问为什么打扫，因为孩子马上就要穿着沾满泥巴的鞋出现了），你仍然可以用幽默来挡住他们的脚步，然后亲亲他们、抱抱他们来奖励一下他们对你的配合。

————————

给他们一个微笑，或许再来一个拥抱，这能有多难呢？

法则
016

尊重孩子

我认识一位母亲,她总是向孩子发号施令。"吃午饭。""快上车。""刷牙。"有一天,我听到她抱怨自己的孩子总学不会说"请"和"谢谢"。我们都很清楚她的问题所在,可她自己却看不到。

不过,要对孩子发号施令简直太容易了。孩子会按你说的做,而其他成年人却不必如此。所以,当你请求大人做什么事情时,你的态度会很好,但在面对孩子时,你就会直接告诉他们该做什么。问题是,孩子并不这么看。他们不会注意你是如何对其他人说话的(毕竟,孩子从来不听大人说话)。他们只是用你对他们说话的方式对你说话。

孩子会更注意你做的事,而不是你说的话。所以,如果孩子对你不客气,你不但不能责怪他们疏于礼貌,反而应该反思自己的日常行为。

当然,你的孩子值得被尊重,不因为别的,就因为他们也是人。但更重要的是,如果你不对他们表现出尊重,也就不会从他们那里得到尊重。尊重孩子并不会削弱你的权威。孩子很快就会知道，当你说"请刷牙"或"请把桌子摆好"时，可能听起来像是在请求他们，但实际上他们没有选择。你只是在用最好的方式教他们懂礼貌，即言传身教。

需要向孩子言传身教的不仅仅是礼仪。永远不要违背对他们的承诺，永远不要对他们撒谎；还有，如果你不想让他们模仿你，就不要在他们面前骂人。否则，你就等于在大声、明确地告诉孩子：你在我眼里没有别人重要，我不在乎你。

当然，我们都知道，事实并不是这样。重要的是，你的孩子也知道这一点。

如果你爱孩子胜过爱其他人（除了伴侣），那么他们就比其他人更值得你尊重。这样的话，他们也能学会尊重别人。"年轻一代怎么了"的问题也就解决了。

————————

当然，你的孩子值得被尊重，不因为别的，
就因为他们也是人。

法则

017

享受孩子的陪伴

如果你在读到这条法则时略微犹豫，我能理解。事实上，我会第一个承认，有时候，做到这一点的确很难。但是别忘了，有时候你也会没心情享受心爱的电影、音乐或巧克力。

别惊慌。这条法则的意思并不是要你在跟孩子一起玩时始终保持好心情。如果你有机会跟他们一起放松（过周末、度假、读睡前故事），就要享受这种亲子时光，这很重要。

为什么会不享受呢？因为你总是在想，如果没陪孩子，自己可能在做什么：明明有一大堆家务等着你去做，可你却在听孩子们讲《辛普森一家》（*The Simpsons*）昨天那一集的剧情（讲得很糟糕）；担心锅里煮的蔬菜要烂了；明天还要做工作汇报，赶紧在脑子里温习一遍。

打住！你已经在做你的待办事项清单上最重要的一项任务了，即享受亲子时光。要心无旁骛、专心致志地陪伴他们，认真地看他们在做什么，听他们在说什么。你要认识到这和给他们换尿片、安排晚餐或写工作汇报同等重要。所以，你一定要认真地跟他们说话。当孩子对你说"你猜怎么着，我刚刚干掉了17个魔兽"时，不要只是咕哝一声"哇"，而是要试着问："那你岂不是把所有的箭都用光了？"

享受亲子时光的诀窍是把这件事本身当成一个目的，认真对待。是的，你其实并不喜欢给芭比娃娃换上一套套华丽的衣裙，也不喜欢讨论足联中每支球队的优势，更不喜欢听孩子们不厌其烦地讲述一场光明力量与入侵的外星人大军的战斗（他们想象出来的）。你不必喜欢，因为这些只是陪伴的手段。

你的终极目标是陪伴孩子，了解他们如何看待这个世界，以及是什么让他们感到开心、难过、快活、受伤、着迷、无聊、好奇。

当你学会心无旁骛地享受这个过程时，你就会发现，陪伴孩子带给你的快乐大大增加，而且你真的会从他们的身上学到一些东西。一旦你能抽时间专心陪伴孩子，就算你真的无法再看半小时《彩虹小马》，你也会更容易原谅自己。

享受亲子时光的诀窍是把这件事本身当成一个目的，
认真对待。

法则
018

要以孩子的利益为重

为人父母，你要弄清楚一件事：生孩子并不是强制性的，没人逼你要孩子。但是，既然你决定要孩子，就得做好把孩子放在第一位的准备。不，我并不是说孩子想要什么，你就得给他们什么（恰好相反）。我的意思是在做决定时应从孩子的利益出发。

想让我举一些例子？好。我认识一些父母，孩子都六七岁了，他们还让孩子跟自己睡一张床（并不是因为孩子想这样，而是因为他们还没准备好跟孩子分床睡）。孩子依偎在他们身旁，这画面的确很温馨，可这对孩子没好处。孩子需要独立，需要学会管理自己的睡眠模式，需要克服对黑夜的恐惧，等等。假如孩子的朋友都不这样……好吧，我建议你看看法则 14。

还有个例子。一个朋友最近告诉我，她的女儿对一所几百英里（1 英里 =1.609 千米）外的大学开设的某个学位课程很心仪。我的朋友说，她想让女儿打消这个念头，想劝她修习我们当地的一所大学开设的另一个课程，这样她就可以住在家里。我告诉她，我敢肯定她女儿能应对离家上大学的困难。我的朋友说她知道，但她还没准备好让女儿离开。

一般来说，对孩子有利的事情往往也对你有利。但也有例外。我们经常找各种借口为自己辩解（我的朋友倒是情有可原，她至少承认为何想左右女儿对大学的选择）。有些家长认为孩子夜里会醒，所以在一张床上睡觉更方便。我们总是劝自己，孩子还太小，不能做这做那，或是比别的孩子更容易焦虑，或是这样做更健康，或是现在就让孩子干这个太不现实了。

但在内心深处，我们都非常清楚自己在干什么。我们只是不想承认而已，哪怕对自己。因为一旦承认，我们就不得不转而做那些对孩子有利的事情。有时候这对你是个很大的挑战。不过，一旦我们决定好要完全为孩子着想，就必须正视自己的内心，把他们放到第一位。

其实，这正是养育孩子的乐趣所在。把别人放第一位并不会将你囚禁起来，而是会将你释放，给你自由。只要我们将注意力放在别人身上，就不会闷闷不乐，也不会沉湎于过去痛苦不堪，更不会自怨自艾，因为所有这些负面情绪的产生都是因为过于关注自己，如果我们多考虑别人，就会多把心思放在对方身上，也就不会去想自己。孩子是分散我们注意力的最佳人选。是的，让孩子舒舒服服地跟你一起躺在床上，这的确很温馨、很惬意，但是，让他们成长为独立、强大的成年人才更重要。

在内心深处，我们都非常清楚自己在干什么。

法则

019

整洁没那么重要

　　我刚遇到我妻子那会（当然那时她还不是我的妻子），我有点被她家吓到了。我记得她家的桌子上几乎什么都没有，工作台面一目了然，地板纤尘不染。如果你从她家里随便拿起一样东西，问她应该放在哪儿，她都能告诉你。是的，每样东西（我的意思是所有东西）都有它应该去的地方。

　　这让我耳目一新。在居家整理方面，我一直秉持"东西掉了就掉了，不用去管它"这一理念。我必须承认，当我们决定要孩子时，其实我私下里很担心我妻子能不能应对，因为我知道，我们都想要那种无拘无束的孩子，可她的生活方式不太适合有一个这样的孩子。

　　但她适应得很好，就像很多父母一样。不过，并非所有父母都能做到这一点。有些人很执着，一定要阻挡泥土、污垢、混乱、灰尘，把到处乱放的书籍和玩具收拾得井井有条，但这些问题都是孩子的标配啊。更何况还有一些根本无法分门别类的物品，你没法把它们收起来，因为你压根不知道它们是什么。

　　要想解决这个问题，只有两个选择：第一个是知其不可而为之，把自己搞得神经兮兮，把孩子变成紧张、拘谨的小大人；第二个是让步，让自己冷静下来，放松、放手，让孩子做他们自己。孩子无拘无束，家庭气氛才会很快乐，哪怕地板上偶尔有泥巴、房间偶尔很凌乱。我觉得我们都知道"法则玩家"会选择哪个方案。

　　我并不是说孩子永远不需要把自己收拾干净。我的意思是让他们先开开心心地玩，然后再收拾。如果餐桌上有手指画颜料，或者他们的裤子上沾满泥巴，这都没关系，因为这些都能洗掉。但如果你不让他们放松，不让他们尽情玩耍，那才真的有问题。

　　　　　　　　　——————

　　我并不是说孩子永远不需要把自己收拾干净。
　　我的意思是让他们先开开心心地玩，然后再收拾。

法则

020

风险在所难免

我十几岁的时候，有一天我弟弟（他当时 8 岁左右）突然心血来潮，要去爬花园里的一棵大树。当他爬到接近房顶那么高的地方时，他脚下踩着的那根树枝突然断了。他赶紧用双手抓住了头顶上那根树枝，在离地面七八米的地方吊着。他声嘶力竭地喊叫起来。

我妈妈闻声赶来。当她看到我弟弟惊心动魄地吊在高空中时，心里肯定一紧，但她很镇静。她只是安慰他，并引导他从树上下来："没事，离你左脚将近一米的地方有个小树桩。就在那儿。现在把右手移到稍靠下面一点儿的树枝上……"

你可能以为，从此我妈妈会禁止我弟弟爬树，至少几年内不会让他爬树，可她并没有。她知道我弟弟已经吸取了教训，这很有用（的确如此）。

那么，我想说的是什么呢？父母必须让孩子自己吸取教训。只有吃了苦头，他们才会明白。如果孩子从不冒险，也就什么都学不到。不犯错的人也不会有任何成就。而这意味着，身为父母，你必须冒险。作为按法则行事的父母，你必须允许他们爬树，让他们参加会考时多选几科（尽管你认为他们应付不了这么多），在他们第一次提出要去背包旅行时点头同意。

当然，必须有人计算风险，那个人就是你。如果风险太大，你得拒绝他们。但你不能总是设想最坏的情况，然后做出相应的决定。如果这样，你就什么也干不了，因为没有任何事情是百分之百安全的，没人能保证这个。什么都往坏处想的结果就是孩子什么也没学到，一旦离开家，便没有足够能力来自己做决定。如果是这样，就说明你没有好好履行父母的职责。

所以，要去冒险。当然，有时候冒险会造成一些糟糕的状况——孩子可能会手腕骨折，他们的考试成绩可能很差。但是，这些都不是最坏的，而且你和孩子都能从中学到很多。你也可以选择不去冒险，但从长远来看，这对孩子的危害很大。

————————

你不能总是设想最坏的情况，然后做出相应的决定。

法则
021

把担心留给自己

如果孩子要去冒险，你肯定会担心。这在所难免。他们爬树的时候你会担心，他们学车的时候你会担心，他们独自去度假的时候你也会担心。事实上，即使孩子不干任何冒险的事，你还是会担心。当他们第一次离开你的视线时你会担心；当他们开始上学时你会担心；当他们第一次在外过夜时你会担心；当他们脸颊通红、体温降不下来时你会担心；当他们参加考试时你会担心。

你必须记住，你不是唯一担心的人，孩子也为这些事情担心。还是个小家伙的时候，他们可能害怕上学，到了十几岁，他们可能对外出度假感到紧张不已，但还是下定决心迈出这一步。

你的职责就是安慰他们，给他们信心，让他们大胆地去做。你要让他们觉得一切都没问题。很无奈吧？明明自己也很烦恼，却还要面带微笑，努力证明一切都没问题。是的，恐怕这就是为人父母的职责所在。这的确很难，但总得有人做，那个人就是你。

唯一的安慰便是你可以向伴侣、父母等成年人倾诉。向父母倾诉更合适，因为虽然你长大了，但他们的职责依然是在你担心得要死时告诉你"一切都会好的"。

既然谈到了这个话题，我就提醒一下，不要在孩子每次迈步出门时都说"小心"。这样说不仅意味着你对孩子缺乏信任，而且，如果孩子手里拿着什么易碎的东西，一听到"小心"，他就更有可能把它掉到地上。你还不如什么都不说。"小心"会让孩子以为要出什么错了。按法则行事的父母会说"好好玩"或"玩得开心"。当然，你现在也是个按法则行事的父母了。

你必须记住，你不是唯一担心的人，
孩子也为这些事情担心。

法则

022

从孩子的角度看问题

所有孩子都对一件事耿耿于怀。他们坚信，因为他们是孩子，所以父母就不太注意他们的感受。他们认为父母忽视了他们，不理会他们的感受，不在乎他们是否难过。其实，他们说的一点不错。

每个父母都这样。当然，父母并不会一直这样，但大部分时间是这样的。至少我是这样的，而且我还从没碰上过一个不这样做的家长。我们会劝说自己（如果我们确实思考这个问题的话），我们知道什么对孩子最好，而孩子并不知道。有时候的确是这样，但并非始终如此。

在某种程度上，这是不可避免的。我的意思是，大多数孩子都想晚点儿上床，即使这样有害健康。他们通常都只想吃冰激凌和巧克力；在接下来的 11 年里，他们都想逃学去海边。好吧，其实我们知道这样做不好，必须得让他们按我们说的做，但这并不是说我们无法从他们的角度看问题。事实上，如果我们对孩子放任自流，他们大多数都会表现得明智得多，要好过我们对他们的评价。

孩子看世界的方式往往与我们不同。虽然有时候他们的看法和我们一致，但我们通常不会从他们的视角去考虑问题。无论怎样，如果孩子们觉得我们忽视了他们，就会发脾气，这是可以理解的。法则 16 已经讲得很清楚，父母要尊重孩子。所以，让他们知道你了解他们的看法非常重要。(如果你不了解孩子的想法，我相信，只要你问，他们肯定告诉你。)

有一天，我正要和孩子们一起出门，其中有个孩子还在看电视。于是我让他把电视关掉，然后上车。他立刻翻脸。我态度坚决地告诉他，我们要去车站接人，这比看电视重要。

我们为此事吵了一架。我们的情绪都很激动，也都很讨厌这样。于是，我反思是否有更好的办法。

这时我想起了法则 22。于是我让儿子告诉我不肯关电视的原因。他解释说这是他最喜欢看的节目，前两个星期他都错过了。我同情起他来，便提出帮他把这个节目录下来。问题解决了。其实，这跟节目毫无关系，这个问题之所以得以解决，是因为他觉得我在乎他的感受。当然，如果我早点想起法则 22，就不会跟他争吵，但我当时正忙着想法则 2。其实，这是我的借口。

———————

如果孩子们觉得我们忽视了他们，就会发脾气，
这是可以理解的。

法则
023

育儿并非竞技体育

有一天，我和另一位父母谈起孩子的饮食习惯。我家孩子只要待在家里（所以我们总是让他们出去）就会吃炸薯片和饼干，我对这一点表达了不满。"啊，我好幸运，"她说，"我家孩子喜欢吃水果和新鲜蔬菜。"我怀疑她说的根本不是真话，因为她最近还在拿饼干给两个孩子当零食，任由他们大吃特吃。不过，我想说的是，她这是典型的攀比，其目的纯粹是要把我和我家孩子比下去，从而抬高她和她家孩子。

当父母的会在很多事情上攀比，其中之一便是孩子的如厕训练。我知道，有些父母在小宝宝几个月大时就开始把他们放到马桶上训练，就为了他家孩子能抢在朋友的孩子前面学会如厕。还有些父母迫不及待地想让自己的宝宝先站起来走路，或者吹嘘自己的孩子体育或音乐多么好，考试成绩多么出色。而有些父母则将攀比进行得鬼鬼祟祟，他们甚至都不会公开吹嘘，而是用其他方式来伪装，比如"我很幸运，我家孩子喜欢吃水果和新鲜蔬菜"，这跟运气没什么关系。你压根就不能信他们的话。

按法则行事的父母在育儿上才不会玩这种攀比游戏。我们对自己的育儿技能有足够的自信（也能轻松地面对自己的种种不完美之处），因此能顺其自然，不去干涉孩子。

瞧，那些争强好胜的父母不仅没有几个朋友（即使有，那些朋友也都没孩子），而且还给孩子带来很大压力。这些孩子要被迫好好表演，这样他们的爸妈才能继续吹嘘他们。这些可怜的孩子觉得只有不断超越自己的朋友，才能得到父母的认可。最终，他们也会成长为过度争强好胜的人，疏远一些潜在的朋友，更容易与兄弟姐妹失和。

孩子有很多机会可以学到健康的竞争方式，父母不能以牺牲孩子为代价，把不健康的竞争方式强加给他们。

那些爱攀比的家长比较缺乏安全感，他们太紧张，而且对自己的育儿技能不自信。正因为如此，他们才一定要把你打压下去，抬高自己。所以，没必要跟他们生气，只需怜悯他们。

———

孩子有很多机会可以学到健康的竞争方式，父母不能以牺牲孩子为代价，把不健康的竞争方式强加给他们。

永远不要对孩子进行情感勒索

你是否说过下面这些话（或类似的话）？

- "我都为你做了这么多，你就为我做这一件事，这总可以吧？"
- "你让我很难过。"
- "这对我不公平。"

是否似曾相识？如果不是，很好，翻到下一页。如果你曾说过这些话，也请知道，你绝不是唯一一这样说的人。不过，这些都是各种形式的情感勒索，对孩子伤害很大。

情感勒索会给孩子带来隐形压力，如果你经常这样，孩子会产生负罪感，而且很有可能对你怀有怨恨。此外，你这样说等于在暗示孩子，你的感受比他们的感受更重要，而且给孩子树立了一个将自己放在第一位、自怨自艾、喜欢对别人进行情感操纵的榜样。

养儿育女是你自己选择的。孩子表现得自私是正常的，你必须接受这一点对你的影响，责无旁贷。你没有权利拿他们出气。你疲惫不堪、有压力、觉得别人没把你当回事，这是你的问题，不是孩子的问题。

我不是说你应该鼓励孩子自私点，而是说要找到恰当的方式来解决问题，不能对他们进行情感勒索。比如，你可以向他们指出他们的行为对别人产生的影响，或者直接说出自己的想法。不要说："我都这么累了，请不要让我跟你一起踢足球。"你可以直接说："对不起，我太累了。明天再跟你踢。"

有些父母爱说："我为你烧饭，跟在你后面收拾东西，给你洗衣服，带你去参加足球训练，开车接送你……为你累死累活。"这些话根本没有意义。我可以告诉你，孩子听到的是"这个，那个，这个，足球，那个，这个……"。所以，你是在白费口舌。的确需要有人向孩子指出你对他们的付出，但这个人不是你。你需要让你的伴侣、孩子的爷爷奶奶或大姐姐对他们说："不要把衣服乱扔在地板上。你都这么大了，怎么还让你妈妈／爸爸跟在你后面收拾东西？你不觉得他们已经为你做得够多了吗？"你也可以为你的伴侣说这些话，这样孩子更能听得进去。

另一个办法是跟孩子提出，在某一天跟他们互换角色（最好不要挑他们上学的日子，否则会很棘手）。你可以晚点起床，在玩耍和阅读中度过一天中的大部分时间，让孩子把你该干的活都干了。孩子可能会拒绝你的提议，不过在拒绝前，他们得考虑一下你做了什么事情。

你看，你没有理由对孩子进行情感勒索，因为如果想让孩子变得不自私，还有很多更好的方法，而且这些方法都不会让他们在情感上受到伤害。

————

孩子表现得自私是正常的，
你必须接受这一点对你的影响，责无旁贷。

第三章

关于日常行为的法则

　　如果你能掌握一些普遍适用的育儿法则，那当然非常好，不过养儿育女大部分要靠日复一日地苦干：喊他们起床，给他们穿衣服、换尿布，匆匆忙忙地准时送他们上学，劝他们吃健康食品，就上床时间跟他们争执，争论你是否该出钱给他们买心仪的运动鞋，等等。

　　所以，我猜你真正需要的是一些有用的日常行为法则，好让所有这些日常互动变得更轻松、更有益，让养育孩子这件事像你期望的那样乐趣无穷，而不是像你有时候会担心的那样充满磨难。

　　这些法则一定会让你的孩子满足你的期望，成长为那种聪明、好奇、热心助人的人，至少在他们表现好的时候会这样。

法则

025

放手让他们去做

　　我不是想吓唬你，可是等你的孩子到了 18 岁（有可能还要早），他们就得成长为一个健全的成年人，得有足够的智慧和能力来自己做决定，交想交的朋友，过自己的生活。是的，那时候你就没活可干了。

　　如果你的孩子都 4 岁了，你还在给他喂饭，到 14 岁时，你还在帮他把作业装进书包，那么当他有一天不得不自己照顾自己时，就要吃苦头了。所以，不管什么事情，只要他们自己能干，就不要包办代替。这不仅仅是说不要帮他们整理卫生，不要帮他们做作业（就我个人而言，我发现我的孩子们在 8 岁左右就能自己做作业了，比我替他们做的还好）。这还意味着大约从孩子 10 岁起，你就要让他偶尔给家人做顿饭，哪怕只是烤吐司加芸豆。你还要让他们学会使用洗衣机，让他们周六起床去干兼职，让他们外出度假时自己整理行囊。

　　但这些还不是最重要的事。他们还需要另外两样特别技能，你必须尽早开始教他们，那就是管理金钱和做决定。

瞧，如果你从一开始就把孩子所有的钱都把在手里，只给他们一点零花钱，那他们就什么都学不到。更好的做法是，等孩子长大一点后，让他们自己掏钱买衣服，或者给他们基本的零花钱，让他们自己去赚额外的钱。我有个朋友给他的孩子们当"银行"，为他们的存款提供丰厚的利息，这样孩子就愿意存钱，而不是花钱。有很多方法可以教孩子理财，最重要的是找到适合你和你的孩子的方法。

当然，你还得教孩子自己做决定。从 2 岁时每天穿什么衣服一直到高中选修什么课程，他们得学会规划自己的人生。这也意味着要让他们知道做出错误决定的后果。所以，如果你看到孩子即将犯可怕的错误，不要去干涉。当然，你可以提出建议和意见（不过在他们大一些时要等他们来问你），但不要给他们压力，好吗？毕竟，这是他们自己的生活。你只需记住，你在为他们的 18 岁生日倒计时，这之后，他们就独立了……

他们得学会规划自己的人生，这也意味着
要让他们知道做出错误决定的后果。

法则

026

让他们去淘气

还记得你小时候吗？一大早你就离开家，在外面玩上整整一天，你爸妈根本不知道你在哪儿，对吧？他们还是不知道为好，因为你正值淘气的年龄，挖洞、玩打仗游戏、偷牛奶、放烟花、爬树、把蛞蝓粘在邻居的猫身上。

孩子需要干这些事情。从前的孩子需要，现在的孩子也照样需要。但现在的家长越来越不愿意让孩子干这些。他们担心孩子会受伤，就把他们关在家里，但这对他们的情感上的伤害更严重。人生就是一系列的风险评估，如果孩子小时候没有学会冒险，长大后就没能力应对生活中的各种风险。

我知道，孩子在野外疯跑或跟朋友在公园里玩耍可能会受伤，甚至是受重伤。但就算他们待在家里不出来，也可能会从楼梯上摔下来，弄伤自己。出于某种原因，过去几代人已经在这些事情上变得一叶障目。事实上，如果让孩子自己玩，他们会更注意安全，因为他们知道你不在他们身边，没人监管他们。所以，他们能学到很多东西。其实，爬树、点火、挖洞、在绳索上荡秋千、浑身湿透都是孩子的必修课。是的，有时候孩子回家时可能鼻青脸肿、鲜血直流，但他们能学到一些东西，下次就不会受伤。

这些年来，我看到有些孩子被父母管得很紧，于是我又发现了一个规律。如果父母很焦虑，他们的孩子也会特别紧张。这些孩子不知道该怎么照顾自己，因为父母很少给他们这种机会。而如果父母大大咧咧，他们的孩子往往也特别自信。事实上，要想照顾好自己，自信非常重要。我知道，你可能在想，要是碰上危险，自信可能是在火上浇油。没错，但你说的是过度自信，而我说的是适度的自信。

如果你递给小孩子一个杯子，对他说"小心，别洒了"，那他就更有可能弄洒，你还不如什么都不说，因为你的话让他感到焦虑，让他只想着弄洒。同样地，自信的孩子比那些惶恐不安的孩子更有可能做出理性的决定。所以，你以为把孩子保护起来就能保证他们的安全，其实从长远来看，你在削弱他们照顾自己的能力。

————————

如果父母很焦虑，他们的孩子也会特别紧张。

法则
027

教孩子独立思考

孩子不仅要自己做决定（法则 25），还要能独立思考。虽然孩子跟你争吵让你很不痛快，但至少表明他们在独立思考。而这正是你想看到的（不过可能你现在还不想看到）。

有一天，我和一个朋友在一起聊天，这时她那个 5 岁的女儿故意来惹她生气（5 岁大的孩子都这样）。我的朋友发火了，把那个孩子训了一顿。那个孩子很难过。朋友问了那个孩子一个问题，让我很佩服她。她问："你想想，我为什么跟你发火？"小女孩想了一下，小声说："因为你让我别闹了，我没听。"瞧，如果朋友没问孩子这个问题，孩子也就不会去想妈妈为什么对她发火。这个妈妈很厉害，在教孩子思考。

我的朋友掌握了教孩子思考的最基本技巧：问问题。问题本身并不重要。比如，你可以问他们为什么喜欢板球而不喜欢足球；或是如果有 100 位宾客参加婚礼，该采用什么形式最好；或是如何减缓全球变暖。只要能让他们思考就行。

你还要质疑他们的想法，但不要咄咄逼人。你只需问孩子：
"你为什么这样想？"在孩子 2 岁时，你可以问他们小狗为什么要
叫；在他们 12 岁时，你可以问他们名牌运动鞋的价格是否合理。
（如果他们觉得不合理，为什么希望你花那么多钱给他们买鞋？对
了，法则 25 说了，要让他们自己掏钱买衣服。）

　　不断挑战他们，不断提问，让他们辩论、争辩、辩解、提问。
一旦他们能自然而然地这样做，不需要你再问什么问题来启发他
们，你就知道你已经掌握了法则 27。

在孩子 2 岁时，你可以问他们小狗为什么要叫；在他们
　12 岁时，你可以问他们名牌运动鞋的价格是否合理。

法则

028

———

善用表扬

好样的！你已经一路学到了法则 28。在成为全力以赴、按法则行事的家长的路上，你已经将近走了四分之一。

我希望你受到了鼓舞，这就是表扬的目的。按法则行事的家长知道，如果方法得当，我们的表扬将是孩子们成长的最大动力。孩子过生日那天，你不会不给他们礼物吧？所以，如果孩子做了好事，也不要不表扬他们。

要真是这么简单就好了。可是，你知道有多少父母明明可以善用表扬却做不到？很多人并不会以恰当的方式给予孩子恰当程度的表扬。

有句话说："好东西不能太多。"当然，这不适用于表扬。的确，你在表扬孩子这件事上不能吝啬，但也要根据孩子的成就给予相应的表扬。如果过度表扬孩子，你的表扬就不值钱了，就像货币贬值一样。如果孩子只是做了一些平平无奇的事情，你却把他们夸上了天，那么当他们做了特别了不起的事情时，你该怎么夸赞？再者，如果孩子所做的每一件小事都能得到大大的夸奖，他们就会害怕让你失望。但孩子是不应该有这种压力的。

很多父母记不得表扬孩子的良好表现，认为那是理所应当的。但孩子真的很期待你的夸奖，想知道你是否注意到他们有多乖。"你没有在桃金娘阿姨面前挖鼻孔，做得很好。"或"你一定累坏了，但你却控制住了自己，没有抱怨。这真的很好。"这样的话等于在鼓励他们，下次也要好好表现，这是值得的。

你可以用感谢和表扬来认可孩子的成就，这样做既肯定了他们，又无须极尽溢美之词，可以帮孩子减轻一些压力。更重要的是，这是一个强化良好行为的好方法，孩子会很安心，因为他们知道，你并不仅仅会在他们做错事时注意到他们，如果他们做对了，你也会注意到。"谢谢你洗完澡后把毛巾挂起来。""谢谢你不用别人提醒就做了作业。""回到家看到整洁的厨房真好。谢谢你。"

好的，关于表扬还有最后一点，掌握了它，你就掌握了这条法则。下面这两种表扬方式，你认为孩子更想听到哪一种？"画得真好！""画得真好，你把马画得栩栩如生，我很喜欢。你是怎么做到的？"当然是第二种表扬方式更好。如果可以的话，表扬要具体化，你也可以问他们问题，这会让他们神采飞扬。

————

你必须以恰当的方式给予孩子恰当程度的表扬。

法则

029

|

一定要让孩子知道什么是重要的

等一下，关于表扬，我还没说完。现在我们知道该如何有效地表扬孩子了。但是在表扬的时候，你有没有停下来思考为什么要表扬孩子？那就现在想想吧！

我认识一些家长，他们因为孩子成绩好而表扬孩子，无论是在体育方面，还是在学习方面。我还认识一些家长，他们因为孩子的礼貌行为，或是在出席一些场合时看起来很漂亮，或是很"乖"而表扬孩子。

表扬孩子的哪些方面最能说明我们的价值观？孩子也正是利用这一点来判断什么是生活中最重要的。如果因为好看、赢了比赛，或者吃光了盘子里的食物而从你这儿得到了良好回应，孩子就会下意识地认为这是世间最重要的事情。为了获得你的认可，他们会付出全部努力，而且在长大后开始自己的人生时，也会极其重视这些事情。

这意味着，如果孩子做对了，你就应该表扬他们，你要承担这一重任。如果你总是夸孩子学习好，却从不夸他们表现好，这向他们传递了你的什么价值观呢？难道你真的只愿意表扬孩子获胜，而不愿意表扬他们付出的努力？不，当然不是，因为你是一个按法则行事的家长。

这并不是说如果孩子为自己在班级中名列前茅或赢得比赛感到高兴，你就不能夸他们"真棒"，而是说要注意平衡你的夸赞。

表扬的一个好处是，它可以非常有效地向孩子灌输那些对你来说非常重要的价值观。如果你对孩子说"阿里初来乍到，很害羞，你却主动把他纳入你的小组，我很佩服你"，孩子便能真切地意识到，善良和体贴是非常重要的品质。同样地，你还可以说"我很钦佩你能在紧张的情况下报名参加攀岩课程"，或者"没得第一并不重要，我注意到的是你付出了巨大的努力"。

作为父母，我们要认识到哪些价值观对我们来说最重要，并寻找机会认可孩子身上的这些品质。这是一种积极的表扬方式（记得要适度），可以鼓励孩子努力向上、善于思考，培养他们无私、勇敢、坚定和善良等你认为重要的品质。

———

难道你真的只愿意表扬孩子获胜，
而不愿意表扬他们付出的努力？

法则

030

教孩子如何应对失利

上一条法则讲在表扬孩子时要斟酌，而这一条法则刚好相反。如果孩子在某个方面做得不好，你要让他们认识到这一事实。孩子其实往往非常清楚自己将事情搞砸了，如果你还拼命地安慰他们，告诉他们没什么问题，他们就会知道你在撒谎。当然，孩子可能也想相信你的话，但是在内心深处，他们知道这是怎么一回事。所以，如果你像下面这样使劲地给他们找借口，就只会让他们感到困惑。

- "你刚好考试前感冒了，所以你没考好。"
- "嗯，他们不应该让那个女孩参加 12 岁以下小组的比赛。她都和大人一样高了。"
- "裁判有偏见。你本该赢的。"

我并不是说你该斥责孩子做得多么糟糕或如何让你失望（我知道你当然不会这样做）。可是，如果他们不接受自己的错误，如何能从中吸取教训呢？如果你告诉他们没什么要学习的，只不过是命不好，那就是在害他们。

如果愿意的话，你可以斟酌一下措辞，给出自己的意见。你可以说"你做得不是很出色，但还是可以的"之类的话（如果情况属实）。不过，你不必非得给孩子意见。更好的做法是，让孩子看到自己可以在哪些方面做得更好。所以，你可以试着问一些问题，比如："你觉得你做得怎么样？"用这个问题开头会万无一失，这并不是因为如果孩子失败，你就会失望，而是因为，孩子可能真的很得意自己得了第五名。如果是这样，你可以让他们享受他们眼中的成功。

不过，如果孩子对自己的表现并不满意，你就可以问问他们为什么没发挥得好一些。如果孩子想指责裁判、老师或其他孩子，你可以温和地指出他们想逃避什么问题，然后问问他们下次打算怎么做。记住，不必要求孩子要强。有时候，最好的做法是停止竞争，或是不去在意自己糟糕的表现，或是享受比赛、练习的过程，不要一心只盯着成绩。不过，有时候孩子可能真的特别想赢，这时你可以让他们更努力地训练，或是保证比赛头天晚上睡眠充足，或是多练习手腕转球，或是多复习。如果你能帮孩子找到改进的方法，他们就更容易应对失利。而且，这至少能帮你看到有些成功的因素是在你的掌控之内的。

你也可以问问孩子，他们认为谁该赢得比赛或获得冠军。如果你能鼓励孩子诚实地做出回答，他们就会认识到，比赛成绩是公平的，而且也会知道该向谁学习。

一旦孩子能公正地看待自己哪个方面没做好，以及如何避免下次出现这种令人失望的情况，你就可以说点真心的赞美话："你可能不是最快的，但你绝对表现出了强大的决心。"当然，要记住，表扬的理由很重要。

如果孩子对自己的表现并不满意，
你就问问他们为什么没发挥得好一些。

法则
031

谨慎告诉孩子你为他们骄傲

当今一个很常见的现象是，父母会告诉孩子，自己为他们感到骄傲。你觉得这是好事，对不对？但是，父母的这一做法并没有帮助孩子。

为孩子感到骄傲是一种很强烈的情感，所以这些父母无意中在告诉孩子，他们的情感幸福是以孩子的成就为基础的。这对孩子来说可是个沉甸甸的负担，给他们带来了巨大的压力，因为他们要不断地让父母为其感到骄傲。这并非父母的本意，但结果却如此。这就像表扬孩子一样，你必须十分小心，不要给孩子设置障碍让他们不停地去清除。表扬给孩子带来了压力，他们要不断地赢得你的赞许，而告诉孩子你为他们感到骄傲同样给他们带来压力，因为他们一直要确保你对他们感觉良好。后者更难，让孩子承担这个责任是不公平的。事实上，这是某种形式的情感勒索，尽管在你完全是无心之举。

和表扬一样，孩子也会记下（也许是无意识的）什么让你为他们感到骄傲，并对哪些价值观是重要的做出判断。你一向都是为考试成绩或体育运动上的成就为他们感到骄傲，对吧？这说明什么？如果想让你高兴，他们就必须不断地取得好成绩。实际上你并不想给孩子施加这种压力（我敢肯定），但他们听到的就是如此。或许你是为孩子付出的努力或其行为方式而骄傲，但你仍然是在告知他们，你的情感幸福与他们息息相关，所以只要有机会，他们就得不断地做出那样的表现。

　　可你真的为他们感到骄傲，对吧？而且，你想让他们知道，他们做得很出色。可以的，只是要排除感情因素。还有就是跟表扬孩子一样，你要适度、要明智，注意不能给孩子造成任何压力。如果你告诉孩子，你很佩服他们的自律精神，或是对他们应对比赛失利的方式表示钦佩，他们会很高兴。告诉孩子，你希望你也能成为一名跟他们一样优秀的外交官，或者让他们讲讲是如何为学校里的戏剧表演背那么多台词的。这些事情都会让孩子精神大振，而且不会让他们感觉你对他们进行了情感投资，这样他们就能每次都能做得很好。

　　当然，如果孩子真的做了什么特别了不起的事（千载难逢），不妨告诉他们，你为他们感到骄傲。不过要限制一下这样说的次数，比如在他们的整个童年时代不超过 6 次，这样你们就不会形成习惯（不，我不是在开玩笑）。而且，和表扬孩子一样，你要仔细想想你是为孩子的哪个方面感到骄傲，想想这在给孩子传递什么价值观（以及你是否无意中给他们将来设置了高标准）。

当然，你可以经常为孩子感到骄傲，只是不要大声说出来影响他们。

————————

告诉孩子你为他们感到骄傲同样给他们带来压力，
因为他们要确保你对他们感觉良好。

法则

032

了解边界的价值

　　有一次，邻居 4 岁大的孩子跳上了他家花园的围墙，在上面跑来跑去。这听起来好像没什么，可是，墙外是一个混凝土停车场，并且与围墙最高处足足有四五米落差。我当时看起来肯定很惊恐，邻居注意到了我的反应，对我说："我知道。我跟他说过不要爬墙，可他就是不听。能怎么办呢？"我无言以对。

　　我们都知道，在这种情况下，我们的做法应该是：不让他爬围墙，而且要坚持。这是一个特别典型的例子，说明儿童需要边界（在这个例子中，设边界是为了这个可怜的小家伙的人身安全）。其实，这个例子告诉我们的是，我们应该给孩子设立清晰的边界，从而确保他们安全。邻居家的这个孩子就是人们口中的（他家人听不到）"浑小子"。他很调皮，总是不断地试探父母的底线，而且很显然，他的父母并没给他设立边界。

　　这孩子调皮捣蛋，几乎没人跟他玩儿。他肯定以为他的父母根本不在乎他。如果真在乎他，怎么会让他在四五米高的围墙上跑呢？哪个家长会让自己的孩子为所欲为？

如果你是个小孩子，你会觉得这个世界很可怕。等你长大成人了，你会发现世界依然很可怕。要想最大限度地保障孩子的安全，就得制定一套明确的规则和准则，这样孩子才能确定自己在安全范围内。孩子会不断试探这个边界（越小的孩子越会这样），但他们并不是想拓宽边界，而是想确认边界没有发生变化。你的任务就是明确告知他们这些边界，并保证不会去改变它们。所以，每次孩子去爬墙时，你都要明令禁止，必要的话，还得把他从墙上抱下来。这样的话，孩子就会有安全感，会觉得很自信、很幸福。他知道自己的位置，并能去探索周围的世界，因为这个世界不会变来变去。而且，他们知道你爱他们。

顺便说一下，这意味着你们夫妻俩要保持一致（如果你不是单亲父母的话）。如果父母中的一方执行这些规则，而另一方不执行，只会让孩子更困惑。你们必须共同扮演警察的角色（详情参见法则 39）。可能一些细节不一样，这没关系（也许你喜欢把孩子抱在膝盖上读故事书，而对方却则喜欢跟孩子依偎在被窝里一起读书）。但是，如果你们想让孩子幸福、自信，那么在所有重大的规则上都必须守住边界。

如果你们想让孩子幸福、自信，
那么在所有重大的规则上都必须守住边界。

法则

033

"贿赂"不一定是坏事

"贿赂"这种做法可不招家长待见。很多人认为，只有最糟糕、最无能的家长才会去贿赂孩子。不过，等一下，让我们先给"贿赂"下个定义。假设你的孩子调皮捣蛋，你为了让他表现得乖一点，就给了他 10 元钱。这自然是"贿赂"。显然，我们不能这么干。

那么下面这种做法呢？孩子目前表现得特别好，但你怀疑他可能坚持不下去。假设你想拉孩子去商店，或者让他做作业、整理房间、吃绿色蔬菜、关掉电视、上床睡觉，或者干些通常会让他们抗拒的事情，如果他们能坚持好好表现，你会以某种方式奖励他们。你认为这是"贿赂"吗？

我认为不是。我来告诉你为什么。我以前在几家大机构工作过，负责人总是对我说，如果我能很好地履行职责，就能得到晋升，或者如果我的表现达到一定标准，就能拿到奖金。我看不出这和上面的情况有什么区别。注意，在职场里，人们不会称之为

"贿赂"，而称之为激励，而且在他们看来，这是件好事。

所以，别理会什么不要激励孩子的废话。只要你在孩子开始调皮捣蛋前这样做，就是一个非常明智的做法。

当然，拿什么来激励孩子，这一点要谨慎。如果你总是用金钱来激励，就会让孩子产生更高的物质需求，一旦他们分文未得，便会产生负面情绪。此外，激励的规模要与对孩子提出的要求的高低相匹配。不要买个全新的衣橱来奖励他们随手挂了6件衣服。

理想的情况是，要让奖励与所提的要求相符。如果孩子在你逛商店的时候一直表现得很乖，你就可以在逛完商店后带他们去公园。如果孩子早上能自己起床，你就可以让他们推迟15分钟睡觉。如果孩子能一连两个月将自己的房间保持得很干净，就可以多给他们一些买衣服的零花钱。

你没忘了最好的奖励是什么吧？当然没有。如果孩子知道最后会得到你的认可，他们会主动做很多事，而且不计报酬。所以，不必每天勉勉强强地给孩子十几次奖励；大多数时候，他们更想听到的是感谢的话或赞美之词，比如"你自己起床了，不错"或"谢谢你如此耐心地陪我逛商店"。所以，别忘了及时给孩子肯定。

———————

理想的情况是，要让奖励与所提的要求相符。

法则
034

|

情绪是会传染的

有了孩子后，你和你的伴侣就不再是那个无拘无束的人和小夫妻。你们是一家子。家里的每个人都要和别人互动。这意味着每个人的情绪都会影响到别人。有些人很厉害，即使身边每个人都在发脾气，他们也能保持愉快的心情，但大多数人则发现，自己的情绪会随着身边人的情绪而变化。

作为一名按法则行事的家长，你要明白，你对全家人的情绪负责。我不是说每次有人不开心都是你的错。我只是想说，如果每个人都陷入沮丧或冲彼此喊叫，把希望寄托在别人身上是没用的，我们不能指望别人能停止抱怨、生闷气或争吵。如果你觉得有谁得振作起来，定下一个更好的调子，那个人就是你。

孩子并不明白情绪是会传染的。他们也不知道你的暴躁源于他们一整天都在惹你生气。当然，你可以教育孩子，但要想让他们有所改观，可能要等到几年后。孩子只要一情绪低落，就会用无理取闹来惩罚你，即使知道这会把你的心情搞坏。孩子会觉得这是对父母的小小"惩罚"。这种模式得由一个大人来打破。而这个人，就像我前面说的，正是你。

我的一个孩子（还是别说是哪个了）尤其如此。他小时候总是跟我发生冲突。最让我抓狂的是，即使我跟他发脾气，他也从不服软。最终，我的妻子小心翼翼地挑选了一个时机，向我指出我也从来不服软，也许孩子的态度跟这一点有关。我给孩子树立的榜样就是用一种无益的方式解决冲突。

嗯，事实可能不中听，但你还是要听：爱吼孩子的父母更有可能养出爱大喊大叫的孩子；跟孩子生闷气的父母也会助长孩子生闷气；父母成天抱怨，孩子也会牢骚满腹。并非总是这样，但概率很高。此外，有些孩子的性格决定了他们会走另一个极端，比如，他们生气后会憋着，不会像你一样发泄出来；如果有人生气了，他们会变得非常不安，总之至少有生气方面的"问题"（如他们所言）。如果你想让孩子正确处理自己的情绪，就得先让自己正确地处理情绪。这当然是好事。你可以对孩子的情绪（以及他们处理情绪的方式）产生良性影响，而这会让每个人的情绪都越来越好。

嗯，事实可能不中听，但你还是要听：
爱吼孩子的父母更有可能养出爱大喊大叫的孩子。

法则

035

帮助孩子建立良好的饮食习惯

我并不是要告诉你该给孩子吃什么。我不是饮食方面的专家。你可能是个素食主义者，可能对甜甜圈上瘾（能理解），也可能对苜蓿草有恐惧症。如何负责任地喂养孩子，这取决于你。有很多健康饮食供你选择，你也要避开很多明显不健康的饮食（比如甜甜圈，很遗憾）。

但是，不管你给孩子吃什么，孩子都会养成自己的饮食习惯，这些习惯很难打破，所以一定要给孩子建立良好的饮食习惯，这样他们才能在成年后轻松享受健康的生活。

在我成长的年代，人们的饮食习惯和现在大不同。我母亲那一代经历了一场战争，也经历了食物配给的日子，肥胖的人很少。因此，在我母亲看来，我小时候养成的很多饮食习惯是有益的，但事实证明，它们对我是无益的。

比如，大人让我把盘子里的食物都吃光，如果不吃光，他们就不允许我离开桌子。小孩子吃得少，所以这样吃没问题，但当我慢慢长大后，我的体重就上去了。就算我真的想减肥，我发现我也几乎不可能在盘子中留下任何食物。现在我让我的孩子自由进食，倘若他们吃不光盘子里的食物也可以。

还有一个例子。小时候，我只有在吃完主菜后才有布丁吃。于是，我认为甜甜的、高糖分的布丁是一顿饭的精华所在，咸咸的饭菜只是为了享受最后的布丁不得不通过的"炼狱"。不怕你们笑话，这也没能让我维持健康的体重。对我的孩子，我是怎么做的呢？我们几乎从不吃布丁，除非有客人来，当然，这时候我们也不会指望孩子把主菜都吃光。

再看看下面这个方法怎么样？小时候，如果我弄伤了自己或表现特别好，大人就会给我吃一块糖果来安慰我或奖励我。我还有另外一个"甜蜜的枷锁"。如果我情绪低落，就会吃巧克力棒来安慰自己。在写完这组法则时，我对自己说："你可以吃块蛋糕。"

你在帮孩子养成什么样的饮食习惯？也许你的孩子的基因很好，绝不会有体重问题或其他因不良饮食而引起的健康方面的问题；也许你的孩子需要与我小时候完全不同的饮食习惯；也许你有更好的办法帮助孩子避开我刚刚讲述的那些坏习惯。我并非全知全能。我只想说，在这方面一定要注意，你要帮孩子养成健康的饮食习惯。

——————

孩子都会养成自己的饮食习惯，这些习惯很难打破。

法则

036

沟　通

　　父母很容易在很多事情上瞒着孩子。首先，孩子太小了，对一些事还不懂。其次，让孩子参与进来只会让事情变得更复杂。但是，如果你想让家庭能更和谐，就像团队一样更顺利地运作（至少情况好的时候是这样），就需要让孩子知道家庭发生的一些事情。

　　那亲子之间需要哪种沟通？让我给你举几个例子。在有客人拜访前，你是否总是会提前告诉孩子呢？如果是孩子期待见到的某个人，你也许会告诉他们，可是，如果是他们不认识的人呢？比如，来量新沙发套尺寸的人，或者来修洗衣机的人。还有，你每次在带孩子外出前，会不会告诉他们去哪儿？你当然知道去哪儿，但孩子不知道。

　　别忘了，沟通是双向的。是的，你得告诉你的团队发生了什么（最好还要告诉他们为什么），但你也要征求他们的意见，并真正倾听他们的回应。你会跟孩子商量去哪里度假吗？到了孩子十几岁时，可能不等你问，他们就会给你一个意见，但是在他们六七岁的时候，你会问吗？

在换车的时候，你会问孩子的想法吗？好吧，你当然不会因为孩子想要兰博基尼就买一辆，可是，你可以询问他们觉得什么重要（是后座宽敞、有放冲浪板的车顶架还是有天窗）。毕竟，如果孩子表达了意见，就更有可能对你最终选择的东西感到满意。

如果你每次都能做到上述这些，我给你打满分。其实本书应该由你来写，而不是我，因为有时我还是忘记征询孩子的意见。不过，我记住的也够多了，足以让孩子参与家事、成为家庭的一部分。这会对他们产生很大的影响。

有时候孩子知道发生了什么，会帮上大忙。孩子有各种锦囊妙计，当然，你需要进行大量的筛选，不过他们的一些建议真是金点子，我永远都想不到。

你每次在带孩子外出前，会不会告诉他们去哪儿？
你当然知道去哪儿，但孩子不知道。

设定明确的目标

这是我从商界学到的一条法则，真的很管用。优秀的管理者总是会设定明确的目标，然后为实现这个目标努力。这一点他们做得绝对正确。如果你的老板只告诉你"提高销售额"，就会让你很疑惑，因为你不知道自己这个月多做出的 10% 销售额是会让老板失望，还是会让他惊喜。而且，你隐隐感觉老板自己也不清楚，否则他就会告诉你"将销售额提高十个百分点"。

所以，在工作中，我们都知道，明确的目标会让我们充满干劲，因为你知道老板对你有什么期待，而且你能感觉到老板很在意你的表现。那你为什么只告诉孩子"把房间整理得干净些""要多清理兔笼""不要玩那么长时间的电脑"？

你难道听不出来，其实你并不像你说的那样烦恼？在你听来，是"不要玩那么长时间的电脑"，还是"你一天可以玩 2 小时电脑"更有说服力？

在跟孩子沟通时，有时候我们的确没有尽力，但有时候我们只是没有停下来想一想孩子是否明白我们的意思。可能在你看来，"要多清理兔笼"已经说得很清楚了，可是孩子可能依然毫无头绪，不明白你究竟想要他们做什么。你的意思是每周清理一次，还是每个月清理一次？是一周给兔子换两次新鲜的干草，还是每两周换一次锯末？如果你想让孩子有动力，愿意照你说的去做，并且感觉你很在意这件事，就必须明确说明你的要求。

几年前，当我让孩子收拾她的房间时，我才深切地认识到这条法则的重要性。我后来走上楼，发现她的房间几乎跟没收拾前一样凌乱不堪。我开始责备她，她看起来很伤心，委屈巴巴地对我说："可我已经收拾了啊。你看！"她的确把所有东西都从地板上捡起来了，但仅此而已。可她真的以为这就是我说的"收拾房间"的意思。这时候我才意识到是我错了，我没向她交代清楚，结果，不仅房间没收拾干净，还冤枉了她。

———————

有时候我们的确没有尽力，但有时候我们只是没有
停下来想一想孩子是否明白我们的意思。

法则
038

—

不要唠叨

　　我最近读了一篇很有趣的文章，说有人对唠叨进行了研究（我想知道要提多少次要求才会有人做这种研究）。他们发现，如果你对其他人唠叨，那么对方更不可能照你说的做。

　　如何才能不用唠叨就让孩子照你说的做？一个人在唠叨时，语气中会流露出不满，这特别让人厌恶。当你唠叨得越来越起劲甚至变本加厉时（按法则行事的父母绝对不允许自己这样做），你会唠叨孩子的性格，而不仅仅是唠叨他们的行为。所以，"你没关门"听上去是在提醒孩子，而"你从不关门"听上去就是唠叨了。更糟糕的是指责孩子性格不好："你从不为别人着想。"或"你笨手笨脚。"如果你这样对待孩子，他们只会表现得更差。

　　其实，你在跟孩子说话时，没必要用这种不满的语气，或者说些有人身攻击倾向的话。你只需坚定地提出你的要求，并说清楚他们不照做的后果。比如，你可以说："请你把作业做完。如果6点前还没做完，我就要把电脑关掉，等你做完了再打开。"6点前不要再跟孩子说同样的话，如果他们没做完作业，你就真的关掉电脑。如果你坚持这样做，过不了多久，孩子就会意识到你不是在开玩笑。

有一次，我去一位朋友家里吃午饭，她家的饭桌上摆满了儿童玩具、图画、糖果、乐高积木、游戏卡片等各种东西。我提出（多少带着些紧张）帮她清理桌子。"哦，不用，"朋友回答道，"孩子们会清理的。"她的孩子们正忙着干别的事情，我很想知道她究竟怎么能让他们在开饭前把饭桌清理干净。之后，她走到厨房门口愉快地叫道："10分钟后还在饭桌上的东西都要被扔进垃圾桶！"显然孩子们已经习惯了她的这一做法（而且很显然，在过去的某个时候，他们明白了她并不是在吓唬他们），他们全都立刻出现，5分钟后，饭桌干干净净，可以吃午饭了。她没唠叨（她只说了一遍，并明确告知孩子，如果不理会她说的话会发生什么）。

关于唠叨，还有一点值得说一下，那就是孩子会过一段时间（有时甚至好几年）才会去做某件事，你别指望他们能自己想起来，这不合理。所以，如果孩子又忘了去喂仓鼠，不要发火，也不要忍不住去唠叨他们，不如把这看成一桩交易：他们喂仓鼠，而你的任务是提醒他们去喂。这样你会开心很多。现在，你只需要有个人能提醒你记住这一点。

你在跟孩子说话时，没必要用不满的语气，
或者说些有人身攻击倾向的话。

第四章

关于规矩的法则

　　我不知道你是怎样想的，但我不喜欢"管教"这个词。它意味着指责、惩罚甚至殴打。

　　不过，只要你能正确理解这个词，它就会成为家长的一项得心应手的基本技能。如果管教得法，你和孩子都会轻松很多。是的，良好的管教会让孩子受益匪浅。前面我们讲了边界的价值（参见法则 32），管教可以帮助我们守住这些边界。如果管教得当，你根本不需要对孩子进行任何指责、惩罚或殴打，而且你和孩子都会开心。

法则
039

形成统一战线

如果你问直属领导能否多给一天假期，他会说"不行"，你会很失望，但也只能忍耐。毕竟，你没资格享受这个待遇。可是，假如你接着去问更高一级的领导，他说"当然可以"，这可怎么办呢？

你不确定是否可以多休一天假，但你能确定的是，直属领导的意见没太大分量。下一次你跟他提要求时，如果他再次拒绝你，你就知道该找谁了。事实上，也许你下次干脆就直接找更高一级的领导。这时候，你的直属领导就会觉得自己被轻视了，觉得你不尊重他，心里会很不痛快，甚至可能会生他领导的气。而更高一级的领导则会觉得你的直属领导不尊重他，而且自己作茧自缚，让他处于两难境地。

听糊涂了吧？很正常。如果父母双方的管教方法不一致，就会给孩子造成各种困扰，还会破坏孩子对父母的尊重。如果更高一级的领导支持你的直属领导，那一切就会变得非常简单。

你要明白，当你破坏伴侣的管教行为时，孩子并不会因为你袒护他就会更爱你（是的，承认吧，这是你最关心的）。实际上你会让孩子感到困惑，这既破坏了他对你们双方的尊重，也破坏了他对那些极其重要的边界的信心。

即使你是个单亲家长，也是如此。只要有人跟你一起承担育儿责任，比如跟你一起度假的父母、孩子的保姆或周二下午放学后帮你照看孩子的朋友，这条法则就同样适用。

如果你想让孩子有安全感，你们就要彼此支持，这意味着也要共同扮演警察的角色。这样做很值得，因为孩子会感觉更幸福，更清楚界限在哪里，而且会因此更尊重（和爱）你们。

当然，你们不必事先商量好每一条细微的法则，如果涉及细节，你们就约定，无论一方说什么，如果孩子问起来，另一方都要支持："如果爸爸说不行，那就不行。"关键是要明白，除了事先应该就一些重大问题达成一致外，你们夫妻达成一致这一事实比达成一致的内容更重要。

————————

你们夫妻达成一致这一事实比达成一致的内容更重要。

法则
040

奖励胜过警告

你还记得自己小时候的事情吗？想一想，你肯定能想起来。假设你的老师告诉你，如果你能在下一次拼写测试中取得好成绩，就奖励你一颗小星星或一件文具。假设他们说的不是这些，而是警告你，如果你考不好，就要被罚课间不许出教室玩、放学后留校或不准打比赛（或要求你打两场比赛，视你的运动能力而定）。这两种情况中，哪一种更有可能激励你取得好成绩？

如果你和我差不多，那么在任何一场拼写测试中你都很有可能考好。不过，我肯定会为了得到奖励而更加努力。正常情况下，你应该也有同样的想法。研究人员和儿童心理学家发现，在鼓励孩子配合方面，奖励要有效得多。

这并不是说每次孩子说"请"的时候都要奖励他们，或者每次孩子整理房间后都给他们钱。大多数时候，孩子知道你注意到了他们的努力，欣赏他们，就会很开心。所以，要让孩子知道："这句谢谢说得很好！""我还没说你就整理房间了。太棒了！"你这样一说，他们就还想继续这样做，好能再次得到你的夸奖。一定要让孩子知道你注意到了他们的表现，这很重要。

如果涉及大事，你可以事先跟孩子讨论。这时候还是要用奖励，这一点依然很重要。你可以告诉孩子，如果他们在公园里表现得特别好，晚餐就可以吃到他们最喜欢吃的东西，或者如果他们能连着一个月将自己的房间保持得很整洁，你就给他们增加买衣服用的零花钱。

这并不是说警告就派不上用场了，但是在理想的情况下，它只起震慑作用。不过，如果孩子犯了大错，还是要给予警告，但即使这样，也要注意配合奖励一同使用。所以，你可以告诉孩子，如果他们总是回家那么晚，就会被禁足一个星期；但是，如果他们能连续一整个月在约定好的时间内回家，你就会让他们晚回家15分钟。

注意，如果你觉得孩子不太可能做好某件事，就不要许诺他们巨大的奖励，因为这样会给孩子带来巨大的压力。如果你答应孩子，要是他们高考考出某个成绩，你就奖励他们一辆车或让他们开你的车，万一他们没考到，就会遭受双重惩罚：一是考试失利，二是没车可开。

一定要让孩子知道你注意到了他们的表现，这很重要。

法则
041

要前后一致

小时候，有一次我和妈妈顶嘴，她哈哈大笑，对我说她很高兴我能为自己据理力争。第二天我又和她顶嘴，结果被重重惩罚。我根本不知道她到底是什么态度。她不仅是在顶嘴这件事上这样，在其他事情上也大多如此。所以，大部分时间我都战战兢兢、如履薄冰。

这意味着我根本不知道什么能做、什么不能做（这似乎是在某种秘密抽签的基础上做出的决定，而我对其毫不知情）。所以，守规矩对我来说没有意义。反正我有可能给自己惹麻烦，也有可能不会。总的来看，值得冒这个险（当然这只是我的想法）。

你的孩子也一样。他们需要知道什么是你们能接受的，什么不是。他们的判断依据是昨天和前天什么能做、什么不能做。如果得到的信息不一致，他们就会很迷茫，不知该如何表现，那些极其重要的边界（又是法则 32）也就没意义了。这样的话，孩子会感到困惑，会没有安全感，甚至可能感觉你不爱他们。

听我说，这条法则最难的地方是，很多时候，即使你想打破规则也不可以，否则对孩子太不公平。如果你下定决心不让孩子跟你睡一张床，就必须坚持下去（除非你打算永久改变这个规则）。就因为小家伙今天有点难过，或他们往你怀里拱，或你自己的情绪有点低落，你就准备破例一次。不行，赶紧打住！你妥协一次，下次拒绝他们就难上 10 倍，而且他们还不明白为什么被你拒绝。现在就要说"不"（温柔地说，再拥抱他们一下），虽然有点残忍，但其实是对他们好（也是对你好）。

你是否注意到我前面说的"除非你打算永久改变这个规则"？当然，你始终可以改变规则。也许你突然意识到，如果孩子每天晚上跟你一起睡，你会觉得生活更甜蜜，你甚至会感到奇怪，自己当初为什么要禁止他们与你一起睡。没错，你可以改变规则（不过最好能先跟伴侣确认一下），但一旦改变了，就得坚持很长一段时间。如果每个月变一次，那就跟每天晚上变一次一样，会让孩子感到困惑。那么，这条新规则要坚持多久呢？如果不能一直坚持下去，至少也要坚持到孩子忘了旧规则为止。一般来说，孩子的年龄越大，需要坚持的时间就越长。

听我说，这条法则最难的地方是，很多时候，
即使你想打破规则也不可以。

法则
042

放轻松

记得十几岁时，有一次我帮家人准备家宴（你也看出来了，"帮"这个词用得不准确）。其实做饭的是我妈妈，我只是把冻豌豆从冰箱里拿出来递给她。我鬼使神差地抓住包装袋的上角，用剪刀剪下了这个角。可想而知，整包豌豆（除了我手指捏着的那一角）都掉到地上，冻豌豆撒了一地——冰箱下面、厨灶下面、洗衣机下面，还有我的脚下。

我吓坏了，赶紧抬头看着要切肉、看着肉汤以防溢出来、炒蔬菜的妈妈，等着她吼我⊖（这是免不了的）。可是，妈妈并没训斥我，相反，她笑得直不起腰。

你猜怎么着？我后来再没犯过这个错误（是的，我知道，大多数人在生活中都不会犯这种错误）。关键是，妈妈并没有为了让我吸取教训而责骂我一顿。她那一阵大笑让我改变了对她的看法，

⊖ 我刚跟你说过我的拼写有多差，真不该用这个词。不管怎么拼，它看上去都是错的。希望在你读到它时，编辑已经把它修改过来了。

也增进了我们母子的感情，比说我蠢要好多了。

当然，不管我有多蠢，这一次完全是个意外。但是，如果孩子故意惹你生气或跟你顶嘴，该怎么办？就算是这样，你也可以变怒为笑。如果你能适时开个玩笑，或者充满温情地逗逗孩子，你就能在接下来的 5 分钟内让他们放弃与你争吵的决心。而且，这会让你们双方都更快乐，你们的关系也会更亲密。

约翰·伯宁罕（John Burningham）写过一本儿童读物，名叫《你想不想……》（*Would You Rather...*）。在这本书中，作者问孩子是不是想干一些事情，比如，全身涂满果酱或让狗拖着在泥坑里走？（顺便说一下，我极力推荐这本书。）我那几个小一点儿的孩子特别喜欢这本书，有时候，如果他们调皮捣蛋，我就会问他们："你是想现在就不捣蛋，然后回房间待 5 分钟，还是想让我狠狠地挠痒痒 30 秒？"这样就化解了麻烦。他们一听就咯咯地笑起来，立马忘了想干什么坏事。而且，他们似乎觉得我这个方法挺好，既没训他们，还成功地阻止了他们惹麻烦。说到这里，我觉得我也可以在几个大人身上试试这一招。

放轻松……这会让你们双方都更快乐，
你们的关系也会更亲密。

法则
043

—

对事不对人

我以前认识一个人，她很优秀、很真诚。她在学习了一门儿童行为方面的课程后告诉我，她学到了一条重要的准则："他不是个淘气的孩子，他是个做了件淘气的事的好孩子。"这可真是把政治正确[⊖]玩到了极致，所以一有机会，我们就会狠狠嘲弄这条荒谬的准则。

但尴尬的是，我必须承认，她说得完全正确。我依然会忍不住取笑这个说法（"这不是一台淘气的电脑，它是一台做了件淘气的事的好电脑"），但却不得不放下自尊，承认它背后的准则其实再正确不过。

一旦你说一个孩子淘气、自私、懒惰、肥胖、愚蠢、粗鲁、固执、粗心或别的什么，你就给他贴上了标签。如果他们相信这个标签（为什么不会呢？他们从小就被灌输要相信大人的话），就

⊖ 政治正确是指态度公正，避免使用一些冒犯及歧视社会上的弱势群体的用词，或施行歧视弱势群体的政治措施。——译者注

会按这个标签去做。他们会想："努力也没用，我知道我很懒。"或者"还怕什么，反正他们已经说我很淘气，让我很难受了。"当然，他们不会有意识地这样想，至少在小时候不会。但是，如果你给他们贴上标签，他们就会按这个标签来做。

你要做的是谴责孩子的行为，而不是他们自身。你可以告诉孩子"你这么做很自私"或"插队很无礼"。这样的话，你就只是在评价他们的行为，而不是他们的为人。如果你看到这里想大喊："可他真的很懒！"我能理解你。我只想说，千万不能在他们面前这样说，也不能在别人面前这样说，以免传到他们耳朵里。

把隐秘的想法先留在心底，等孩子一连三次不清理桌子（更别提帮你洗碗）就出门时再说。

正面的标签则完全不同。只要这些标签是准确的（不要给孩子压力，让他们去做根本做不到的），就同样会促使孩子去按标签所说的去做，让他们变得周到、细心、勇敢。

其实，当孩子犯错时，你有时也可以用这些正面标签来放大他们的优点："你表现得这么粗鲁，我很吃惊。我一直以为你是一个特别有礼貌的人。"这会让他们安心，让他们知道你并没有放弃对他们的正面看法，所以这时候不辜负"礼貌"这个标签还不算晚。

───────

你要做的是谴责孩子的行为，而不是他们自身。

法则
044

言出必行

在这一点上我做得很糟糕，因为我是个随性的人（这是我的借口）。我提出了一些想法，结果……这么说吧，我稀里糊涂地提出了某种愚蠢的要求，但自己却做不到。不久前，我禁了儿子整整一年的电视，这显然不可行，因为跟他犯的错完全不相称，而且不符合任何人的利益。这可怎么办？（答案见法则 46。）

不过，好在我并不是要你跟我一样。我只是观察了其他父母（有很多比我更有成就），把从他们身上学到的东西传授给你。我知道自己何时在这条法则上犯了错，而且跟以前相比，我也进步多了（除了电视这件事）。而这正是成为按法则行事的父母的关键，即知道自己有很多要学习，还要不断努力。

当然，禁止看一年电视这个做法有个大问题，那就是，在威胁孩子这件事上，真正的法则是言出必行。如果你要求孩子先把弹珠收起来，然后才能把拼插积木拿出来，就必须盯着他们收弹珠。否则，一旦孩子发现你只是说说而已，以后就再也不会理睬你的威胁。

我有个朋友，他以前也只是口头上威胁孩子，所以总是管不住孩子。在和一个睿智的朋友进行了一次很有启发性的谈话后，他决定尝试一个不同的方法。有一次，他们一家人外出度假，他儿子不听话，他威胁儿子说："如果你继续这样，明天就不要去冲浪了。"他儿子想："哈，我当然可以去冲浪，爸爸只是说说而已，从来不会真的去做；再说，如果我不去冲浪，还得有人留在家里照看我。"

让这个孩子没想到的是，他的爸爸这次下决心要说到做到。于是，当孩子再一次调皮捣蛋时，为了表明自己言出必行，这位爸爸自己也没去冲浪。孩子不仅没能去冲浪，还要听爸爸唠叨一整天，说自己被他害得冲不了浪。不用说，这个方法非常见效。我这位朋友受到了鼓励，后来也一直言出必行。

一旦威胁了孩子，就要执行；所以，不要发出了威胁却不能或不愿执行，这样会使自己陷入两难的境地。

———————

一旦孩子发现你只是说说而已，
以后就再也不会理睬你的威胁。

法则

045

如果发脾气，你就输了

孩子是通过观察父母的行为来学习该怎么做人做事的。如果我们说"请""谢谢"，孩子也会这样做（迟早会的）。如果我们对待别人彬彬有礼，孩子也会这样做。如果别人没按我们的要求去做，我们就发脾气，孩子就会认为这种行为是正确的。

大多数时候，我们很容易按要求孩子那样来要求自己，以身作则。但是，当你的血压开始升高时，你能否树立好榜样就很关键了，因为这时候很难平和下来（该死）。那么，如果孩子跟你争吵，该如何处理呢？你能做到保持冷静、不抬高嗓门、认真听他们把想说的说出来吗？这真的不容易，但要想从孩子那里得到相同回应，这也是唯一的办法。

不知何故，在大多数夫妻中，一方会比另一方更容易对孩子发脾气。如果这个人是你，不要觉得很失败，你的行为很正常。不过，你确实需要明白，每次你跟孩子发脾气时，实际上都是在许可他们做出愤怒反应，而这才是你真正失败的地方。如果孩子长大后认为大喊大叫可以得到自己想要的东西，或者把它当成解决冲突的标准做法，他们的人际关系就会出现问题。

顺便说一下，这一点也适用于打孩子。不管你对打孩子有什么看法，事实就是，这样行不通。它传递给孩子的信息是（至少有时候是这样），打人是获得自己想要的东西的方法。如果你被气急了，打了孩子，你就要让他们知道你失控了。这对孩子来说很可怕，而且还暗示他们失控和打人都是对的。如果你是在冷静的时候打了孩子，这表明你仔细想清楚了，经过深思熟虑，你认为打一顿是解决问题的办法。

如果你经常打孩子，就会给他们造成情感上的伤害，而且还可能把他们变成恶霸。如果你几乎不打孩子，那为什么这次要打呢？我的看法是，至少对某些孩子来说，一旦你开始动手，那就根本停不下来。如果你的孩子时不时地需要被打一顿，那他们绝对是那种打不得的孩子。按法则行事的父母不需要打孩子。

那么，如果你感觉怒火中烧，马上就要动手，该怎么办？要学会尽早识别这些迹象，因为这时你还有时间，可以选择另一种反应方式。如果你做不到，那就暂时逃开（见法则9）。你可以离开一会儿，等到感觉自己能驾驭局面了再回来（可以称之为家长的"反省时间"）。如果孩子很小，一定要确认他们是安全的（如果有必要，把他们抱起来，放到一个安全的地方），然后退到安全距离（如有必要，在孩子能听得见你的地方），直到自己冷静下来，相信自己能控制住情绪，这时再重新进入"战场"。到这时，孩子很可能已经过了那个叛逆的时刻。

如果你的孩子时不时地需要被打一顿，
那他们绝对是那种打不得的孩子。

法则
046

错了就要道歉

到现在⊖你应该明白了一点，父母是孩子最有力的榜样。前面说过，如果你不想让孩子发脾气，自己就一定不能发脾气；如果你想让孩子对你说"请"和"谢谢"，自己就要先礼貌地对待他们。好，现在你还要对孩子做另外一件类似的事情，有趣的是，很多家长在做这件事上似乎都有困难。

我猜这些家长的感受是，如果承认自己错了，就会破坏孩子对自己的崇拜，孩子就不再相信自己是全知全能的了。如果你跟孩子说"对不起"，孩子就会意识到，原来父母也是不完美的。说实话，孩子迟早会弄明白这一点，这只是时间问题。你还不如时不时地让他们失望一下，让他们明白人无完人。

当你犯错时，你越是敢于道歉，孩子就越能明白，承认错误并不是妄自菲薄（连他们钦佩的大人都能轻而易举地这样做）。他们还会明白，人人都会犯错，这没什么可羞愧的。关键是要意识

⊖　我设想你是按顺序读这本书的，而不是从这里开始读的。

到自己的错误，并愿意去改正，但真的没必要为此感到羞耻。你要让孩子在意识到自己给别人造成了伤害、冒犯、不便或惹恼了别人时，本能地去道歉。

我可能要补充一句，对有些成年人来说，不管跟谁道歉都很困难，更不用提跟他们的孩子。如果你很难承认自己的错误，现在就要解决这个问题，否则孩子会效仿你。[○]为人父母是狠心改正缺点的好时机，当父母的要抓住这个机会，这样就不会把自己的缺点传给下一代。

还记得我在法则 44 中说过禁了我儿子一年电视的事吗？解决这个问题的唯一办法就是直接告诉他："对不起，我错了。我不该冲你发脾气，可是我没控制住自己，还威胁了你，太可笑了。我本该说的是，你大约一个星期不能看电视，因为你一直对我很粗鲁。"或许有点难堪，但这是我自找的。

你要让孩子在意识到自己给别人造成了伤害、冒犯、不便或惹恼了别人时，本能地去道歉。

○　我意识到，按照这个定义，如果你是这样的人，你是不会愿意承认的。我只是相信，如果你能在什么地方开始改变，就称得上是按法则行事的父母。加油！你能做到。

法则
047

重新接纳他们

假设你和孩子发生了争吵，也许你处理得不错，也许你处理得不好（你也是人）。但无论如何，你是个按法则行事的家长，所以不会差到哪里去。而你的孩子不太守规矩，你让他们回自己房间反省。

接下来发生了什么？这很关键，所以我把它总结为一条法则，因为我看到有些父母在这一点上出了大错。孩子走下楼来，懊悔万分，甚至不停地道歉，可父母却又开始痛斥他们表现得有多差。接下来孩子就产生了抵触情绪，开始顶嘴，然后又被父母命令回房间反省。父母干脆有一段时间不跟孩子说话，自己生闷气。

无论哪种情况，你都没能让孩子摆脱他们一直试图想放下的那种坏情绪。我最近听到一位家长对向她道歉的孩子说："重要的不是道歉，而是不要再这样做了。"当然，他说得很对，但是现在不是说这话的时候。那个可怜的孩子显然感觉自己还有麻烦，没得到原谅，我看到他哭丧着脸，一副难受的样子。

此时最重要的是让孩子知道你还爱他们。他们还需要知道道歉和下决心改正自己的行为是有一定意义的。如果你一直跟他们生气，他们为什么要费这个劲呢？所以，如果你们吵完了，就要让孩子知道你还爱他们，还会用爱重新接纳他们。你还要让孩子知道，你感谢他们能来道歉，也感谢他们能意识到该为这次争吵负责（至少有一部分责任）。

当然，你可能觉得有必要跟孩子再谈谈（无论是谈这次争吵的原因，还是他们处理争吵的方式）。但请不要立刻就谈，留到以后，等你们恢复亲密关系之后再说。如果是大一点儿的孩子，你可以告诉他们，以后需要再讨论一下这件事。你可以找个合适的时间提起这个话题，比如在车里（你已经把他们困住了），或者睡觉前。不过，请不要当着任何与此事无关的人来谈（家人、兄弟姐妹或朋友）。

如果你知道自己是那种喜欢反复谈论一件事的人，就要控制自己，除非真的有必要。要特别注意这一点，尤其是跟十几岁的孩子争吵的时候。孩子大多十分清楚自己错在哪里，如果每次争吵后你都跟他们翻来覆去地谈，他们会很烦，所以不要让他们受这种折磨。当然，你可能还需要解决最初引起你们争吵的问题，不过，要留到你们心情都很好的时候再去做。

————————

此时最重要的是让孩子知道你还爱他们。

法则 048

表达感受的权利

如果孩子一切顺利，你可能觉得生活很轻松——没有争吵，没有眼泪，也没有人爆发。你的感觉很对，这种生活的确轻松很多。但是，如果孩子一直这样，可不是什么好事。孩子的情感很强烈，需要将其表达出来。如果他们生气了，你得让他们说出来。作为父母，你的职责就是教孩子用一种能让人接受的方式表达愤怒，而不是拼命压制自己的感受。

我知道，在有些家庭里，孩子一生气就会受到父母训斥，不管他们是怎么表达的。当然，你必须让孩子知道发火时不能去攻击别人、辱骂别人或威胁别人。但是，孩子也有愤怒和表达愤怒的权利。不管怎样，愤怒是正常的，必须要让孩子知道，他们能表达合理的愤怒，而且不会受到训斥。孩子要听到的是这样的话："我完全明白你为什么会发火，但是你对你妹妹说脏话还是不对的。"

如果你不允许孩子表达自己的感受，他们就无法摆脱这些感受（这一点对成年人都很难），那么他们只能将这些感受闷在心里，这会导致他们在情绪甚至身体上出问题。而且，这样的孩子在长大成人后也不会表达自己的感受，这会严重影响他们与他人的关系，尤其是与伴侣的关系。

那些在成长过程中没跟人争吵过的人可能不理解，争吵并不可怕，吵完之后两个人还会和好。所以，他们害怕跟伴侣争吵，担心伴侣会离他们而去。这样一来，问题得不到解决，怨恨积攒了起来，感受被闷在心里，而我们知道，所有这些都是不健康的。

我知道这一章谈的是规矩，但既然谈到了表达感受这一话题，我就想强调一点，让孩子哭出来是件特别好的事。在这一点上，成年人也如此。因为孩子哭而惩罚孩子的父母并不多，但我听到很多父母跟孩子说"别跟个小宝宝似的"或"喂，别哭了，没那么惨"。

他们当然觉得很惨，否则为什么要哭呢？孩子一旦上学，很快就会知道不能在不该哭的时候哭，所以不用担心这个。多年前，我从一位非常要好的朋友那里学到了一点，如果有人哭，正确的反应不是说"好了，别哭了"，而是说"哭吧，哭出来，全都哭出来"。

———————

如果你不允许孩子表达自己的感受，
他们就无法摆脱这些感受。

第五章

关于性格的法则

　　随便问哪个有不止一个孩子的父母（很可能就是你自己），他们都会告诉你，每个孩子都不一样。他们的孩子有着相同的父母，在同一个家庭长大，上同一所学校，过同样的假期，可是性格却完全不同。

　　而这可能对父母养育孩子的方式有影响。父母要做的是尊重孩子的个性，而不是按自己的期望去塑造他们。对，你也明白这一点，毕竟，你是个按法则行事的家长。可是，该怎么做呢？这就是接下来的法则要讲的。如果你遵循这些法则，就一定能让孩子成长为快乐、独立、自信、有着自由思想的人。

法则
049

找到有效的激励方法

我有个孩子特别听话，让他干什么都行，因为他怕我会对他失望。这是好事，但我不得不当心，以防自己对他进行情感勒索（见法则 24）。他一心想讨好别人，我可以利用他这个心理来激励他。当然，在他按我的吩咐做了事后（不管是什么），我都一定会告诉他，我对他多么满意和多么感激，他让我多么高兴和多么感动。

我还有个孩子，他对获得我的认可毫无兴趣，也毫不在乎被我否定。对他来说，这是我自己的事，与他无关。但是，他非常在意自己看起来是否很成熟且很有责任感。所以，我就用这一点来激励他。

瞧，我家每个孩子想要的东西都不一样，而且这些东西也不一定是我小时候想要的（我发现巧克力几乎是万能的，不过咱们当然不能用甜食来激励孩子，见法则 35）。在这些激励手段中，有些是情感上的，比如给孩子认可、把孩子当大人看待、赞赏孩子；有些则更具体，你可以用它们来鼓励孩子做你想让他们做的事，比如给予孩子更多责任、给他们更高的地位、给他们更多的金钱和自由。换句话说，奖励孩子的方式多种多样，可以让他们给全家人做饭，或者给他们买一些他们觉得能让朋友高看自己的衣服，或者让他们晚一点睡觉。

关键是不能简而化之，用同一个手段激励每个孩子，这不仅不能让孩子发挥最大潜力，而且无法让他们得到自己真正想要的东西（不管是什么）。所以，你得仔细想想什么样的激励手段对孩子最有效，并想方设法使用这些手段。随着孩子慢慢长大，给孩子的具体奖励也会发生改变，但你很可能会发现，孩子2岁的时候特别热爱自由，到了十几岁时他们依然热爱自由，只是你再也不能用牵着他们的手上楼梯来激励他们了。

顺便说一下，有时候奖励没用，可能偶尔得给以警告。这时候，不同的孩子对你的警告的反应也是不同的。如果你停他们一周零花钱，其中一个孩子可能根本不在乎，而另一个可能会伤心欲绝。不过，激励孩子的原则基本相同，那就是给予自由、金钱、地位、认可。

所以，不要设想孩子个个都一样，或是他们都像你。有时候，你要花很长时间才能摸索出适合的激励手段，但是只要多思考、多试验，你就会有收获。

———————

关键是不能简而化之，用同一个手段激励每个孩子。

法则

050

知己所长

我的一个表弟有严重的学习障碍，而且身体协调性很差，艺术、运动、演奏乐器对他来说都很困难。说实话，很多年来，我们都看不出他擅长什么。他的哥哥是个很有天分的音乐家，喜爱听音乐。不过我们渐渐发现，虽然丹不能像他的哥哥那样演奏乐器，但他对音乐有极高的欣赏力。如果你在车里播放一盘磁带，他只听两个小节就能把整首歌的第一行唱出来。是的，没错，他也有自己擅长的东西，"听歌猜歌名"的游戏他比谁玩得都好。

大多数孩子都比丹幸运，不像他有这么艰难的处境。但丹的例子说明，即使是最不幸的孩子，也有自己擅长的事情。孩子需要知道他们是擅长某样东西的（听歌猜歌名就不错），这对他们的自尊很重要。如果你想让孩子长大后觉得自己能对世界做出点贡献，可以昂首挺胸地做人，就要让他们从这里开始。慢慢地，这会给他们信心，让他们发现自己还擅长其他事情。有些孩子样样行，有些孩子则只擅长一两件真正看重的事情。作为父母，你的职责就是不停地去寻找，直到找到孩子擅长的事情为止。而且，你一定要让他们也知道。

孩子擅长的事情不一定非得跟学习或学校有关（音乐、体育、艺术），不过这些也可以。也许孩子记忆力惊人，能提醒你购买忘了记录在购物清单上的东西；也许孩子是家里的整理大师，能把所有碟片都整理好；也许孩子能熟练地烹制奶酪通心粉，或者跟动物打交道很有一套。总之，你一定要让孩子知道自己擅长什么，更重要的是，要让他们知道你已经看到他们的长处。

顺便说一下，孩子越多，这一点就越重要。在很长一段时间内，老大一般在大多数事情上都比弟弟妹妹做得好。如果你有好几个孩子，小一些的就很难出彩（我在家中排行第五，所以我知道自己在说什么）。因此，一定要让小一些的孩子想办法找到自己擅长的事情。

————

孩子擅长的事情不一定非得跟学习或学校有关。

法则
051

学着欣赏孩子身上的品质

我女儿小的时候总是让我想起她的奶奶和外婆。我不是说她们有什么不好,只是如果我能选择的话,我并不想生个这样的孩子(性格既像奶奶又像外婆)。女儿长大一点后,我感觉她更像她的奶奶和外婆了。当然,她也遗传了她们的一些优点,但我真的没注意到这些,倒是那些缺点一直在我面前晃来晃去。

不过,她是我的女儿,我无条件地爱她。所以,我慢慢学会欣赏她身上那些一开始让我很难接受的品质。这并不容易,但我必须这样做,因为父母不能因为孩子的遗传基因而责怪他们。一定要说什么的话,这让我愈发同情她的奶奶和外婆。

有的孩子身上的一些品质会让你想起前任,这种情况最难给予孩子爱。如果你离婚了或分居,你的孩子会不断让你想起你的前任,这时你就不得不强迫自己去爱他们的这一面,即使你很讨厌他们的父亲或母亲身上的这种品质。

我并非全知全能,所以这个问题真的很棘手。不过,我可以告诉你什么对我有帮助。我渐渐明白，没有什么所谓的坏品质，重要的是懂得如何利用孩子的天性。我认识一个固执的孩子，她的固执简直到了令人难以置信的地步。她长大后成为一名为公益事业奔走的活动家。面对那些似乎并不关心公益事业的政客，你必须要有令人难以置信的固执和决心，否则无法推动一些重要的变革。当然，她在个人生活中也逐渐变得成熟起来，成为了一个富有魅力的年轻女性。所以，固执是一种坏品质吗？在她身上就不是。

不能因为孩子让你想起她的妈妈、她的爸爸或贝蒂姨奶，你就认为孩子也会成为他们那样的人。所以，没必要讨厌孩子身上的这些品质。你应该向孩子输入一些价值观，在这些价值观的指导下，孩子定会明智地发挥着自己的天赋。

没有什么所谓的坏品质。

法则
052

寻找相似之处

对于有些孩子，你可以直接跳到下一个法则，而有些孩子则让你经常想起自己。孩子的思维方式并不总和你的一样。虽然很难，但你一定要记住这一点。

可有些孩子恰好跟你相反。当你看着他们时，心里会质疑，他怎么可能是你的孩子？你们之间毫无共同点，你根本不知道他们的大脑是如何运作的。他们的一些行事方式让你深恶痛绝。你百思不解，为什么在你生气时，他们会哭出来，而不是跟你顶嘴？他们怎么会想到玩鼻涕虫（蛞蝓）和蜘蛛这些令人恶心的东西？

当然，你没有任何理由不去喜欢、赞赏和爱这个孩子，就像对待他的兄弟姐妹那样。可是，有时候你可能感觉自己像个旁观者，而且有时候他们突然很情绪化，让你觉得莫名其妙和束手无策。孩子也会注意到这一点，时间一长，你们之间就产生了距离感。也许你的伴侣更能理解孩子，所以很多时候能很好地应对他们，不过这反而更凸显出你跟孩子的不同。

我知道你是什么感受，因为我也经历过。但是，这孩子有一半的基因来自你，所以他身上肯定有什么像你的地方。你要找到这个品质，否则，当你不能跟孩子共情时，孩子可能就会误以为你不爱他们。有兄弟姐妹的话尤其如此，孩子可能会无意中注意到你跟其他孩子更亲密。如果你跟孩子的性别不同，他们会更难受。

有的人的孩子是领养的，他们对这一点感悟更深。其实，很多养父母在这一点上都很用心，因为他们很聪明，知道跟孩子有共同点至关重要。可我们当中有些人却将自己的亲生孩子视为异己，在这一点上他们真的要像那些养父母学习，要努力找到跟孩子的相似之处。

坚持找下去，直到找到为止。当然，孩子会变，有时候，你本来觉得很难认同自己的孩子，但随着孩子慢慢长大，你会发现他们越来越像你。不过，你也不能光指望这一点。要寻找你们之间的共同兴趣，看看你们是否喜欢读同一本书，或者问问你的父母是否看到你和孩子有什么相似之处。尽量找时间跟孩子单独相处，看看你们是否有什么相似的爱好，哪怕你们的性格相差十万八千里。

如果你能做到这一切，孩子就不会感觉你偏心，而且跟你的关系会更密切，这是最重要的。另外一个好处就是，你往往会从那个跟你差别最大的孩子身上学到最多东西。

这孩子有一半的基因来自你，
所以他身上肯定有什么像你的地方。

法则

053

从孩子身上找到让你欣赏的品质

　　如果不能不断地学习，生活就失去了意义。有孩子的最大益处就是你能从孩子身上学到很多东西。

　　如果孩子个个都像你，那也太无聊了。别指望孩子会跟你一样，这不可能。孩子也许不会跟你有相同的兴趣爱好。如果你喜欢板球，孩子可能会成为足球球迷；如果你喜欢穿衣打扮，孩子可能会一直穿着脏兮兮的破牛仔服到处晃荡。孩子就是这样子，生来就是要专门跟你对着干，年龄越大，越是这样，不仅要在行为方式上有别于你，在生活方式上也要有别于你。

　　你的应对方法就是接纳。不要因为看到孩子走了跟你不一样的路就伤心难过，要享受这种不同，因为你可以从孩子身上学到很多。他们会教给你一些你闻所未闻的东西（这也给他们带来莫大乐趣），还可以教你一些挑战性强、无法通过简单学习获得的技能。而且，最棒的是，孩子的行为方式会越来越像你，不仅如此，孩子还能轻松自如地应对一些让你觉得很棘手的情况。

每个孩子身上都有很多闪光点，父母对孩子的欣赏比任何人对他们的欣赏都有意义（即使他们并不承认）。我的一个孩子很直率，心里怎么想，就跟别人怎么说，根本不在乎别人会怎么看他。这对我来说再自然不过，可他妈妈却不这样，她一直都不自信，总想得到别人的认可，哪怕是她不在乎的人，就像是中了诅咒一样[一]，所以，她对孩子这种清醒、自信的能力佩服得五体投地。（好笑的是，换了是我，她可就不当一回事了。）

我的另一个孩子是个杰出的外交官。如果迫不得已，我也可以逼自己拿出外交手腕，但这会让我走出舒适区，而他则天生擅长于此。我经常对他化解争吵的手段感到惊奇不已。如果我不从他身上学到什么，那我就永远也学不到了，因为他是我认识的人中最好的榜样，而且就在我眼皮子底下。

————————

如果孩子个个都像你，那也太无聊了。

————————

一　这是她自己说的，不是我说的。

法则
054

让孩子超过你

　　有一次度假时，我在网球场看到一对父子在打网球。父亲拼命地想打败十几岁的儿子。儿子也想赢，打得特别努力，可是父亲的决心更大，明显已经很累了，可还是不顾一切地想把球打过网去。他做到了，最终他赢了。离开球场时，父亲看起来精疲力竭，但却面露得意之色；儿子看起来一副逆来顺受的样子。我想他已经习惯这样了。

　　我为他感到难过，我是说，那个父亲。是的，赢球那一瞬间很满足，但这无法与看到孩子打赢你时的那种开心带给你的满足感相比，后者更持久。我安慰自己说，这个小伙子肯定能打赢他的爸爸，只是时间问题。他球技很好，而且会越来越强壮，他的爸爸却越来越老。

　　这位父亲显然不是一位按法则行事的家长。其实我没告诉你，他甚至都没有鼓励儿子赢球（我猜，他太担心自己被打败了）。当然，你不可能总是让孩子在什么事情上都打败你，这像是在施舍，很不好。孩子在 2 岁时，你可以这样做，但是，当他们 12 岁时，你就骗不了他们了。你可以让孩子偶尔赢一下，只是千万不要像那位打网球的爸爸那样气急败坏。如果孩子输了，你可以鼓励他们："如果你的反手球打得跟正手球一样好，我就没机会了。"

如果孩子打网球的水平还比不上你，就去跟他们一起爬树、游泳、做蛋糕、弹钢琴，或者玩他们最喜欢玩的网游。总之，找一样孩子比你做得好的事，然后和他们一起做。这可比赢他们好玩多了（至少跟你自己的孩子是这样）。

再说一点，你认为那个打网球的父亲教给孩子怎么做一个坦荡的"输家"吗？没有，他唯一教给他儿子的就是千万不要输。他没能抓住机会向儿子示范如何输得起。其实，输了并不可怕，可怕的是输不起。

―――――――

输了并不可怕，可怕的是输不起。

法则
055

态度与成就同等重要

你经常因为什么夸孩子？作业做得好，考试考得好，在体育比赛中获胜，或者通过音乐考级？

不错。如果你是位按法则行事的家长，就会一眼看出，这是个刁钻的问题。答案应该是：都不是。当然，如果孩子在这些事情上做得好，你应该祝贺他们，这很重要。孩子很看重这些，所以如果你不在乎，他们会特别难过。但是，孩子最值得你夸的是他们做事的态度和行为，而不是成就。

我认识一个小女孩，她很努力，总想好好表现。她的心愿是好的，可是她太焦虑、太着急，有时候反而干不好。她有一个极其优秀的姐姐。人们偶尔会把她俩做比较，并评价说大一点的那个孩子更出色（幸好她的父母更明智，并没有这样做）。我为这个小女孩感到难过，因为我能看出，她为了能表现得好，付出了很多努力，可她的姐姐却根本不用费任何力气。那么应该多夸谁呢？（顺便说一下，法则 40 中说到，奖励比警告要有效得多，这就是一个极好的例子。如果别人注意到这个小女孩竭力想要做得更好，她会更加努力。）

父母夸孩子或奖励孩子会让孩子清楚地知道，父母认为人生中什么是重要的，这有助于培养他们的价值观。所以，如果你总是表扬孩子取得很高的成就、在学习上有造诣、获胜、成功，就是在告诉他们，这些事情很重要（他们就会有压力，就要不断地在这些方面有所成就）。相反，如果你夸奖孩子努力、有毅力、不断进步、善于处理人际关系、正直、诚实，他们长大后就会把这些当作人生信念。

当然，作为父母，你两手都要抓。我并不是说应该忽视孩子的成就，而是说一定要让他们知道所有你认为重要的事情，并想一想如何在两者间取得平衡。

父母夸孩子或奖励孩子会让孩子清楚地知道，
父母认为人生中什么是重要的。

法则
056

把恐惧和不安全感留给自己

你可能觉得下面这个场景似曾相识（我曾经多次看到它发生）。你在动物园的爬行动物区参观。有一家人正在看一条身上有着精美花纹的蛇沿着树枝优雅地爬行。那个妈妈[⊖]叫道："天哪！好可怕！"蜘蛛区也往往会发生同样的事情，还有蝎子区。

幸运的是，有的孩子很清醒，不会理会这个（而且，大多数妈妈也都很明智，不会这样做）。但有的孩子却很容易受到影响。好多孩子之所以在看到爬行动物或虫子时会叫"天哪！"，正是因为有些大人给他们做了榜样。这些生物其实很漂亮，我们应该鼓励孩子去喜欢它们。如果孩子不喜欢，至少这种负面看法也应该来自他们自身，而不是受到了大人的影响。

孩子深受父母的影响，如果父母不当心，就会把各种忧虑加到他们心头，让他们承受沉重的负担。孩子本来就会有很多恐惧，

⊖ 我仔细想了很久，究竟该不该说这个，因为我知道这有性别歧视的倾向，但坦率地说，一般这时候叫的总是妈妈。

所以真的不需要你再给他们更多了。你的恐惧还是留给你自己吧。

我认识一个按法则行事的妈妈，她特别害怕蜘蛛，但她不想让自己的女儿也有这样的感受，所以如果女儿的房间出现了蜘蛛，这位妈妈就会拿着掸子去抓那个来犯的生物，然后把它从窗户抖落出去。她干这些的时候吓得浑身发抖，可她女儿却永远不会知道，因为她下决心要把恐惧留给自己。只是当她不小心把蜘蛛弄到地上时，她知道发生了什么，却不敢去寻找这只蜘蛛，于是就假装蜘蛛已经掉到窗户外面了。晚上，小女孩掀开被子上床，发现那只蜘蛛正在那里等她，这时，她的妈妈才穿帮了。

当然，我在这里谈论的不仅仅是蜘蛛和蛇，还包括另外一些事情，比如害怕被诱拐。你当然想让孩子对这种事提高警惕，但又不能让他们太过恐惧，做什么都束手束脚、谨小慎微，这会给他们的社交生活带来极大的且不必要的限制。那么对未来的恐惧呢？我认识一位父亲，他劝自己的孩子不要申请上大学，因为如果没被录取会很难过。

保持沉默很难，而且孩子也能察觉到一些潜藏的信号，但是你越是能将自己的忧虑隐藏起来，你成功的概率就越大。这会解放孩子，让他们享受生活，自己去探索奥秘，找到属于自己的不安全感（而不是靠父母的帮助）。

孩子本来就会有很多恐惧，
所以真的不需要你再给他们更多了。

法则
057

别灌输错误观念

我有个同学，他的父亲 30 岁时头发就白了。他的父亲觉得特别尴尬，总是不停地抱怨，实在是太糟糕了。你猜发生了什么？对，我的同学在 30 岁时头发也白了。我的同学在整个童年时期都在听他的父亲念叨白头多让人尴尬、多么糟糕，所以对于自己的白发，他自然也有同样的感受。他的父亲试图安慰他，但这些劝慰听起来都很空洞。想一想，25 年来，你一直告诉一个人某件事很糟糕，然后突然转变观念，并期望对方也能像你一样，这可能吗？

你不喜欢自己身上的哪一点？你肥胖、秃顶、鼻子很可笑、膝盖长得有点奇怪或说话结巴？如果是这样，自己知道就好。如果你不提起，孩子就没有理由把它们当成问题。再说，他们今后可能会遗传你的某一点。不管你现在谈论自己什么，二三十年后，你的话都会在孩子的耳边回响。

假设我同学的爸爸对自己的白发感到骄傲（至少可以装作骄

傲），或者跟儿子开玩笑："我觉得这让我看起来很高贵，你说是吧？"那么，当我同学的头发也变白时，他对自己的看法会完全不同。

这条原则同样适用于夫妻之间。夫妻不应该在孩子面前批评对方（在孩子听不见的地方也不行），不要取笑对方戴眼镜，或者管对方叫"秃子"（不管你叫得多亲昵），或者批评对方太胖。不知不觉地，你在给孩子灌输错误的观念，等你发现你造成的破坏时，已经太晚了。当你在 30 年后改变说法时，孩子是不会买账的，哪怕你说："哦，宝贝，我说的不是你。我现在谢顶可比你严重。"

如果你知道孩子很可能会遗传伴侣的某一点，就要在孩子面前美化这一特点，这样效果会更好。告诉伴侣，戴眼镜让他 / 她看起来特别聪明，或者提一下高个子女性的优势，而不是劣势。

谁知道呢，没准你自己也开始相信了。

───────────

不管你现在谈论自己什么，二三十年后，
你的话都会在孩子的耳边回响。

法则

058

没有完美的孩子

法则 2 讲的是父母自己不要追求完美。好吧，现在轮到孩子了。如果你想养育出一个完美的孩子，很显然，你会失败。你还会给孩子带来压力（这不公平）。按法则行事的父母现在已经弄明白，给孩子施压实在太容易了，这可不是什么好事。

不过，什么人想要完美的孩子？或者说得更确切点，什么样的孩子是完美的？我无法想象。我遇到过一些孩子，他们的行为无可挑剔——从不犯任何错误，努力讨好父母和老师，在学校学习刻苦，总是按时交作业，但这些孩子是我所能想象到的最无趣、最没特点、最一本正经的小孩。

我最喜欢那些大大咧咧、活泼开朗且有缺点的孩子。他们都特别顽皮，一生气就发脾气，有幽默感（不过有时候会过头），还有点懒（他们的魅力通常弥补了这一不足）。这些孩子长大成人后都很了不起，但我保证，我绝不会说他们中的哪一个是完美的。

孩子不该是小大人。他们身上应该有各种不完美的地方。成长就是为了帮他们消除这些不完美。如果孩子在 10 岁前就已经完美了，不如这时候就派他们去当银行家好了。那么，他们在接下来的几年干什么呢？孩子就要像个孩子。我一直认为，如果孩子身上那些不完美的地方在长大后并未完全消失，那么，他们会更有出息。谁想要一个眼里从来不会闪烁着调皮的光芒、从不冲动、没有傻乎乎的幽默感、毫无冒险精神的小大人呢？

我们要养育的是这种孩子：他们能自信地张扬自己的个性，而且在这样做的同时知道不能去伤害他人。这就很好了。让我感到高兴的是，很多孩子都在其中。我敢肯定，他们中没一个是完美的。

我最喜欢那些大大咧咧、活泼开朗且有缺点的孩子。

第六章

关于兄弟姐妹的法则

　　如果你有不止一个孩子，你就应该已经明白，这是一个全新的体系，它需要一套自己的法则。好几十年前，我认识一个男校的校长。当地的一个农夫请他找一名学生来帮他干些农活。校长说很多学生都愿意帮忙，问他需不需要。农夫谢绝了，说道："一个和尚挑水吃，两个和尚抬水吃，三个和尚没水吃。"

　　毫无疑问，如果是女生，这位农夫的看法也是相同的。事实就是，孩子越多，就越难指挥。并不是因为人数多，而是因为他们之间会互动。所以，如果你有两个及以上的孩子，本章讲的法则可以帮你应对这个问题。有一点不言而喻，这些法则也适用于重组家庭中的孩子。

法则
059

培养孩子的手足情

　　我认为这是本章最重要的一条法则，它对其他法则起指导性作用。所以，你要听仔细。你能为孩子做的最重要的事便是培养他们的手足情。

　　有很多养育多个子女的方式，既可以刻意地将他们分开，也可以有意识地把他们团结在一起，不一而足。如果你的目标是后者，你的孩子们就会是彼此一生中最亲密的朋友。孩子一旦长大成人，将会需要与自己平等的兄弟姐妹，正如他们需要不可能与自己平等的父母一样（并不是我们优越一些，而是因为父母与孩子这种关系不能也不该是平衡的；如果你想跟我争辩，先看看法则 103）。更重要的是，很可能在你离世很久后，他们的兄弟姐妹还会陪伴他们。

　　我认识一些家庭，他们的家人分散在世界各地，但如果他们当中有谁陷入麻烦，他们知道自己能依靠的是远在异国他乡的兄弟姐妹。如果你也希望你的孩子们将来能这样（当然，如果你是按法则行事的家长的话），现在就开始准备吧。

有很多方法可以让孩子们齐心协力。首先，你可以拒绝接受打小报告的行为（"你妹妹可能忘了关水龙头，但你不该打她的小报告。做这种事不厚道"）。这传递了一个明确的信息，即你重视他们彼此间的善意。

接下来，你可以鼓励孩子们互相帮助："我没学过德语，不过我敢肯定山姆可以辅导你写作业。"如果孩子们表现得好，你可以对他们进行集体奖励。比如，如果他们一起做午饭或一周内轮流遛狗，就可以让他们共享美食。如果你想告诉孩子们什么事，要跟他们一起说，比如在吃饭的时候或在车里说："这个周末外公外婆要过来。"等他们长大一些，要让他们都参与家庭的决定，比如去哪里度假或用什么颜色的涂料重新粉刷浴室。

你要尽最大努力消除孩子之间的任何敌意或嫉妒心。这一点我会在后面详谈（特别是在法则 64 中）。

还有一招，它绝对能把任何一群人都团结起来——不管他们是不是兄弟姐妹，那就是让他们联合起来去对付一个共同的敌人。对于你的孩子们，这个敌人当然是你喽。没什么比在一起痛快地吐槽父母更能让兄弟姐妹迅速抱团的了。这时候孩子们会忘掉彼此之间鸡毛蒜皮的争斗，会形成完全统一的意见。所以，当你下次做一个孩子们都讨厌的决定时，只需记住，你在帮他们形成统一战线。

———————

没什么比在一起痛快地吐槽父母
更能让兄弟姐妹迅速抱团的了。

法则

060

要认识到争执是健康的
（在理智范围内）

如果你有不止一个孩子，那么，你对争吵的声音肯定不陌生。有些孩子比其他孩子更爱吵，但他们都很喜欢斗嘴。让你感到郁闷的是，这些争执通常都毫无意义。果真如此吗？

那个电脑游戏究竟是谁的，谁拥有最酷的鞋子，或者谁先从前门出去（是的，我的孩子就会为这个吵得不可开交）真那么重要吗？嗯，答案很简单，当然不重要，起码在你看来不重要。

但身为父母，你要让孩子学会如何争吵，这一点很重要。为什么呢？因为如果孩子不知道如何争吵，就无法学会如何不和别人争吵。而我们做父母的真的希望孩子能不和别人发生争执，在和平共处中长大。你是否注意到，没有兄弟姐妹的孩子（可能你自己就是这样的孩子）在成年后往往更难应对冲突？他们必须拼命压制打架的冲动，还有的人则走了另外一个极端，那就是太软弱。而我在生活中遇到的大多数社交达人都是跟兄弟姐妹一起长大的。

要想学会圆通、妥协和其他孩子不太擅长（太多大人也不擅长）的相关技能，唯一的方法就是争吵。争吵教会孩子如何让别人与他们合作。孩子会渐渐明白，如果他一拳打在哥哥脸上，哥哥就没那么容忍他；除非他允许妹妹进自己的房间，否则妹妹也不允许他进入她的房间。要想明白这些道理，拿朋友练手要难得多，因为你会失去你的朋友。而你的兄弟姐妹则不同，他们不会说"如果你不跟我玩，我就不当你弟弟了"。他们总是不停地原谅，即使仅仅是因为别无选择。

兄弟姐妹间的争执往往是权力斗争。孩子们会建立起啄食顺序（地位），或者明确哪个空间属于谁（领地），或者确定谁可以自己做决定（独立）。在这些基本问题上，你必须奉行不干涉的原则（即便是他们之间爆发了暴力冲突），因为你不能为了公平而改变孩子的天性。

所以，下一次孩子们争吵的时候（应该不会等太久），你要学会去欣赏。好吧，这个要求有点高，不过，至少不要以为你什么地方做错了，或者认为应该去劝架，从而让他们停止争吵。实际上，与其说孩子们在争吵，不如说他们在学习一项重要的、令其受益终生的技能。

———————

争吵教会孩子如何让别人与他们合作。

法则
061

让孩子自己解决争端

读了上一条法则，你会感觉轻松一些。相比之下，本条法则实施起来略有点难，但它是法则 60 的重要补充，所以还请仔细读。

一旦你接受了手足间的争吵是学会妥协、合作的一部分，就同时必须接受这一点：要让孩子们争吵，否则他们什么也学不会。等长大离开家以后，他们就会发现再没有家长从天而降帮他们解决冲突，那时他们会非常失望。

遗憾的是，很多孩子都是这样长大的。多年以前，我参加了一个培训课程，在课上，老师让一群管理者用一些奇形怪状的砖搭建一座塔。不一会儿，这个活动就沦落为一场吵架比赛，太可怕了。多么具有讽刺意味——要知道，这个活动的目的本来是考察这群管理者能否很好地合作。可现在，这座塔能不能建起来已经不重要了。

你别无选择。如果你希望孩子长大后能在公司的培训课上（更不要提在人生的各个方面）表现出色，就必须在他们面前保持沉默，忍受噪声和争吵。有趣的是，如果你忍住了，孩子们很快就能自己解决大多数争端，根本不用你出面。

当然，我们都有失去耐心或等不及让孩子们自己解决争端的时候，在这种时候，也不必沉默，不过我们可以在介入的时候发挥一点创意，比如，可以把他们正在抢夺的那个玩具拿走，或者关掉电脑或电视并告诉他们："如果你们能找到一个大家都同意的解决办法，我就把它还给你们。"

我认识一对夫妇，他们的几个孩子天生争强好胜，所以他们想出了一个很棒的招数，对这几个孩子特别有效。他们搞了一场比赛，称其为"诚实大赛"。我们都知道，如果孩子打起来，根本没办法把那个最先挑事的揪出来，这时候就可以用上这一招，很管用。你可以说："来，咱们比赛，看谁最诚实。"瞧，每次一听这个，那些争强好胜的孩子就上当了。接着你就挨个问他们："你做了什么不该做的事？"这个比赛有个规则，那就是不能提及别人做的（或涉嫌做的）任何事情。据我所知，这对夫妇的几个孩子坦白了自己所做的五花八门的坏事，还要求将其另外列举的100多件坏事列入考虑范围，就为了能赢得诚实大赛。记住，在孩子坦白完后，你要让他们为自己刚刚承认的错误行为互相道歉，然后就没事了。这会让孩子明白，一个巴掌拍不响，大家都有责任，而且会让你很有成就感。

————

一旦你接受了手足间的争吵是学会妥协、合作的一部分，就同时必须接受这一点：要让孩子们争吵，否则他们什么也学不会。

法则
062

—

让孩子学会团队合作

要经营好家庭，你和你的伴侣必须进行团队合作，但这不仅仅是对你俩的要求，本章的内容是关于兄弟姐妹的，所以这条法则讲的是如何让全家人像团队一样合作，这对让孩子拥有融洽的手足关系极为重要。

团队合作既意味着大家合力把事情完成，也意味着每个人干好自己的分内之事。哪种方式并不重要，只要让孩子懂得要进行团队合作就行。

我们家有个规定：吃完饭后，每个人都要帮着收拾厨房，直到把它清理得干干净净为止。孩子们已经习惯了，他们会一起干活，一个把碗装进洗碗机，另一个把黄油收起来，还有一个把剩饭剩菜倒进堆肥盆或狗食盆。大家分担家务（大人也要参与进来）就意味着，只有每个人都快速行动起来，才能尽快完成家务。孩子们也明白这一点。他们会互相指挥说："来，我收拾那个，你把盘子放到架子上。"因为他们明白，这对他们自己也有利。

在家里开展这种团队合作的机会有很多。当然，你也可以让孩子们轮流清理厨房，但这样的话，就会错过让他们进行团队合作的机会。

我从朋友那里学会了另一种训练团队合作的方法。如果我朋友一家某天要去海边，出发前，他会要求孩子们帮着整理所有要带的东西：一个孩子拿毛巾，一个孩子拿冲浪板，还有一个孩子准备好野餐。他们各干各的，但都知道，他们在朝一个方向使劲，那就是尽快赶到海边。

危急时刻是进行团队建设的最好机会，父母安排得越有趣，效果就越好。

我家有个下水道，每一两年就会因下大雨被灌水一次，车库每次都有被淹的危险（我们在里面放了各种不能浸水的物品，比如冰箱）。一看下大雨了，全家人就会蜂拥而出，冲进雨里。很多时候我们穿着睡衣、套上外套和雨靴就跑出去了，有的人手里拿着扫把，准备把水从车库里扫出来，还有的人负责把下水道里的所有枯叶都清理出来。我们会用大约半个小时把车库里的水扫出去，一边干一边开心地大笑。干完后我们就跑回屋，瘫在沙发上，然后喝上一杯热巧克力。虽然我的家人都比较内敛，但不得不说，这种团队精神给人的感觉真的很好。

危急时刻是进行团队建设的最好机会，
父母安排得越有趣，效果就越好。

法则
063

让孩子们彼此陪伴

独生子女的父母都知道，养育独生子女很难。你们不仅是孩子的父母，大多数时候还得充当孩子的好朋友、游戏伙伴，得陪孩子玩，因为除了你们，家里没别人能干这些。

然而，一旦你有多个子女，他们就能为彼此扮演这些角色，你就自由了，只要当他们的父母就好了（这样你就有希望偶尔放松下来，喝上一杯茶）。不过，你并不能置身事外。

孩子们单独在一起玩比父母一直陪他们玩要好得多。当然，这并不意味着父母绝对不能跟孩子玩，只是这并不像我们想的那样平等。一般来说，父母的点子比孩子多，至少能引导孩子的想法。如果父母不去引导，孩子就会为所欲为，也就学不会妥协。

而手足之间则相反，他们可以在一起平等地玩耍。当然，如果是两个孩子，其中一个可能起主导作用，而另一个大多数时候会顺从（孩子越多，他们之间的互动就越复杂），但你必须让他们自己来处理，因为父母无法改变孩子天生的性格。你可能会发现，等孩子长大成人后，那个总是退让的孩子会更擅长处理人际关系，也更善于进行团队合作。所以，不要按捺不住去干涉孩子，非要在孩子之间取得平衡。这是孩子自己的事，他们会用他们的方式来解决，不管是争吵还是什么。

有些父母有两个孩子，其中一个可能想和另一个玩，而另一个却喜欢独处。要是再有一个孩子，这个问题就解决了（会的，如果孩子在年龄上相差得并不大）。但你还是得让孩子自己解决。

他们最终会妥协，独来独往的那个会变得合群一点儿，而那个社交达人则学会自娱自乐。这不是坏事，对吧？

所以，放松下来，喝杯茶，读张报纸，不必有负罪感。不去插手，让他们一起玩儿，这就是你能为孩子做得最好的事情了。

这是孩子自己的事，他们会用他们的方式来解决，不管是争吵还是什么。

法则
064

永远不要拿孩子互相比较

我认识一对夫妇，他们有两个孩子，其中一个在多数时候都表现得非常好，而另一个则经常调皮捣蛋。在某种程度上，这是父母自己的错。为什么这么说？因为他们会这样说那个淘气的孩子[⊖]："你怎么就不能像你姐姐那么乖呢？"这不是挑衅是什么？

如果父母任由妒忌和敌对情绪在孩子之间滋长，孩子就不会拥有轻松的手足关系。所以，千万不要让某个孩子知道，你认为他在体育方面比其他孩子厉害，或者没其他孩子那么聪明、有趣、天赋高。但是，这并不意味着做父母的要假装自己的孩子个个都很厉害。这也太愚蠢了。不过，你也不要指出孩子之间的差别（他们可能自己都没想过），不要拿他们的能力做比较。

这是最关键的。你可以对孩子说"你在艺术上真有天分"，而不是说"你比你弟弟的艺术天分高"。毕竟，为什么要挑中那个可怜的弟弟？这样说没什么意义。但是，它给人的印象却是，你并

⊖ 是的，我刚刚打破了法则43。不过，这个孩子没听到。

未把孩子看成独立的个体，而是看成一个搭配好的小组。你这样说就是在告诉那个可怜的弟弟，他是这一组里最差的那个。

在法则 68 中，我们将会看到，让孩子知道自己擅长什么是件好事。在这里我只想表达父母应该独立地看待每个孩子的天分和缺点，不要把他们跟兄弟姐妹做比较。毕竟，无论他们是擅长做饭、唱歌、玩蹦床、做加法、接听电话留言、说法语、讲笑话、梳头还是别的什么事情，做得比别的孩子好或坏并不重要，重要的是他们能做这些事。

当然，孩子可能不这么看。男孩通常都争强好胜，女孩往往也喜欢互相比试。孩子可能会缠着你问类似这样的问题："我画得比她好，对吧？"或者"我能跑得比他快，对不对？"你该如何回答呢？

这时，你要慎重回答。你可以说："这很难判断。你把这些树画得很漂亮。树叶的细节处理得很好。不过，她用的色彩很好看，她的着色技巧非常好。"或者："你应该能跑得更快，你比他大两岁呢。"

如果父母任由妒忌和敌对情绪在孩子之间滋长，
孩子就不会拥有轻松的手足关系。

法则
065

不同的孩子需要不同的法则

总体而言，我并不认为本书有争议。这不是我的目的。我只是想引起读者对某些关键原则的注意，这些原则大多数都是常识，但一旦落实成文字，会更容易遵守，而且你以前也许未曾有意识地对其进行深入思考。正如我在本书开篇中所言明的那样，本书没什么惊人的发现，它只是想在育儿上给你一些提醒。但如果有人想和我争辩的话，我怀疑他们会拿这条法则说事，因为它似乎与法则 32、法则 41、法则 62 相悖（也许还包括其他几条我们尚未谈到的法则）。不过，只是看似如此。

法则 13 讲的是要根据孩子的具体个性来调整对他们的期望。我们还可对这条法则做出补充，即有时候父母确实不得不对每个孩子实施不同的法则。

龙生九子，各不相同。所以，在运用育儿法则时不能一刀切，这不合乎情理。当然，如果孩子发现有什么对自己不利，就不会赞同这种变通，所以必须制定一些适用于每个孩子的法则。你可以称其为家规，比如，每个人都要在规定的时间上床，或者吃完饭后都要帮着收拾，只有这样才公平。但同时，你还必须根据孩子的性格对某些法则进行调整。

坦率地讲，刚当家长时，我认为不应该通融某个孩子，这对其他孩子不公平。在我看来，一定要无差别地执行育儿法则。在我的孩子们成长的过程中，我发现有些法则对有的孩子来说太苛刻。

举个例子。我有个儿子，他十分邋遢，简直到了病态的程度，极其惨烈。他根本不知道自己的问题，因为他患有一种奇怪的病，把周围搞得乱糟糟，自己却根本看不见。你不能指望他像他的兄弟姐妹那样玩好后收拾东西。我们得跟他说上很多次，因为：①他看不出脏乱；②他不明白这究竟有什么问题（他不在乎脏乱）；③他要花几个小时才能收拾好。所以，如果我们用统一的标准来要求他，对他就会极其不公平。

当然，我们也不会放过他，但我们对他放宽了法则。他必须进行一定程度的清理，我们会帮他，只要他确实是在努力清理。随着他渐渐长大，这个责任也逐步落到了他身上。

必须说，我这个儿子的注意力非常集中，他坐下来做作业的时候一坐就是半个小时，这对他来说不成问题。可他的弟弟——虽然很爱干净——每次做作业不能超过 10 分钟，一超过这个时间就坐不住，所以我们允许弟弟在周末两天之内零敲碎打地完成作业。

在育儿方面，有时候我们要无差别地执行法则，这样才公平，但有时候这样可能不公平，这时你就要当心了。重要的是根据每个孩子的情况调整法则。

————————

重要的是根据每个孩子的情况调整法则。

法则
066

不要偏心

承认自己宠爱某个孩子其实是育儿上最忌讳的事情。很多人会直接跟你说："不要偏心。"是啊，能做到这一点的确很好，但你可能控制不住。有些父母在这方面确实无可指摘，他们就不是那种人，就算他们想对某个孩子偏心，也做不到。然而，有些人则忍不住会偏爱某个孩子，如果他们跟你说自己没偏心，那就是在撒谎。

如果你也偏心，毫无疑问，只有一个解决办法：撒谎。在任何情况下，你都不能向任何人透露最宠爱哪个孩子，唯一的例外可能就是告诉伴侣。如果别人问起来，为了防止自己泄露秘密，你可能得撒谎，坚称并不偏爱哪一个。我记得我的奶奶曾经告诉我，我的姑姑在所有的侄子和侄女中最宠我。当然，我听了开心极了，但我的奶奶不该告诉我，这样做大错特错。你看，你不可能指望人们能对什么事守口如瓶，总有一时糊涂的时候。

我认识一个家长，他告诉我，他的确会宠爱某个孩子（他控制不了自己），但是，并不总是同一个孩子。在不同时期，他的几个孩子都分别被他宠爱过，而且依然还在轮番被宠爱，只是孩子自己不知道。他还告诉我，每个孩子他都爱，只是往往最喜欢其中的一个罢了。

那么，如果你偏心眼，该怎么办呢（除了撒谎）？首先，你可以想一想，你是真的最爱哪个孩子，还是仅仅最喜欢他。也许你只是感觉跟他很亲密，这和最爱他是不一样的。有可能你其实爱每一个孩子，只是自己没意识到。

对有些父母来说，这个办法会管用，但它并不适用于所有父母。如果你依然感觉最爱某一个孩子，就得改善与其他几个孩子的关系。要有意识地在他们身上寻找值得你爱的品质，可能要多陪陪他们，或是找到某个共同的兴趣爱好，然后抽时间跟他们一起来做这件事，比如玩玩具火车、钓鱼、买衣服、散步、吃美食、骑马、踢足球等。

顺便说一下，孩子会一直打探你到底宠爱哪一个。他们可能会直接问你，就算不直接问，他们也能抓住蛛丝马迹，甚至会故意曲解你的意思，就为了打探出这一宝贵信息。一般来说，如果孩子指责你偏爱不同的孩子，你做的可能没什么问题，但如果他们都认为你偏爱某一个（不管说的对还是错），这时候你就要考虑一下自己到底给孩子释放了什么信号。

———————

在任何情况下，你都不能向任何人透露
最宠爱哪个孩子。

法则
067

———

混　搭

这条法则会帮你建立良好的亲子关系，也会增进孩子们的手足情谊。如果你有偏爱某个孩子的危险（讨厌其他孩子身上的某些品质，或者感觉跟他们没有足够的共同语言），这条法则都会帮到你。

很多传统家庭（特别是父母加两个孩子）都会经常一起出去玩。平时可能父母有一方不用去上班，但在周末，他们会一家子一起出去玩。我认识不少这样的家庭，这通常是件好事。

不过，好事做过头反而变成了坏事。所以，重要的是，要保证一家子以尽可能多的不同的排列组合度过亲子时光。

- 一定要让每个孩子都能和父母单独相处。
- 所有孩子跟一个家长（轮流）一起玩。
- 某个孩子可以单独跟父母玩，如果另一个（几个）孩子不在的话。

- 对于有三个或三个以上孩子的家庭，两个孩子可以跟一个家长玩，另一个（两个）孩子可以跟另一个家长玩。要注意经常变化孩子跟父母的搭配。

这会让父母有机会跟每个孩子培养特别的亲子关系。比如，一个孩子可以跟妈妈一起做饭，或者跟爸爸一起散步；与此同时，另一个孩子可以跟爸爸一起读书，或者跟妈妈一起在公园里玩。如果每个孩子都能单独跟爸爸或妈妈一起做一件属于自己的特别的事情，他们就会渐渐感觉自己很特别。

如果你的家庭是重组家庭，这条法则就更有用了。它可以让家里每个人都有机会跟其他成员建立单独的关系，更好地培养亲子或手足关系。

如果你是个单亲家长，就很难像这样混搭。⊖但是，你要抓住一切机会跟孩子单独相处，比如让别人来帮你照看一个或几个孩子，而你则跟其他孩子度过亲子时光。这样做依然是值得的。当你和某个孩子单独相处时（也许其他孩子和朋友在一起，或者正在参加派对），跟他做点儿特别的事情，不要只想着趁家里没人争吵赶紧把家务活做完。

重要的是，要保证一家子以尽可能多的不同的
排列组合度过亲子时光。

⊖ 或者你有 12 个孩子。我想，如果是这种情况，你也就没空读这本书了。

法则

068

发现每个孩子的长处

法则 50 讲的是一定要让孩子知道自己擅长什么。如果你有多个子女的话，这一点尤其重要，因为这样你的孩子就会各有所长。

孩子往往会继承父母的某些天分和才华。如果某个孩子有音乐天分或运动天赋很高，那么他的兄弟姐妹往往在这些方面也不错。但即使是这样，如果你的某个孩子是一名巴松高手的话，你的其他孩子就会觉得学巴松有压力，还不如学大提琴或长笛，成功率会更高。所以，父母要鼓励孩子之间有一些小差别，这样每个孩子都会出彩。

不过，谈到性格，孩子间的差异可就大了。尽管孩子身上都有相同的基因，但每个人的长处可能跟其兄弟姐妹大相径庭，在这一点上，父母要鼓励孩子（同时要遵守法则 64）。孩子长大一些后，就需要各自独立发展，需要有自己的个性。他们可不想长大后成为哥哥或姐姐的翻版，他们想做自己。你可以鼓励每个孩子发挥自己的长处，这样就能帮到他们。

这对家中小一些的孩子尤其重要，因为他们往往为了能在某方面赶超哥哥姐姐而努力很多年。不过，对他们来说，在品格上占优势比在技能上占优势更容易。换句话说，如果孩子只有 3 岁大，就更容易成为家里最勇敢的孩子，而不是拼写最好的孩子。所以，（在不拿孩子做比较的前提下）父母一定要让这个 3 岁的孩子知道，他的优势就是勇敢、善良、记性好（我的一个孩子在 3 岁时就能记住我的购物清单，只要不是太长。他就是特别擅长记忆这类事情）。

孩子之所以自信，之所以感觉自己是家庭中的一员，很大程度上是因为知道自己在团队中有真正的优势。所以，作为一个按法则行事的家长，你一定要发现孩子的长处，尤其是那些能造福全家的长处，比如长途旅行时能熟练地导航、厨艺高超、在大家愁眉苦脸时能把大家逗乐、擅长解决后勤问题、善于平息争端、危机时刻能保持镇定或能读懂技术说明书（我总是很感激孩子这一点，因为我自己读不懂说明书）。

最后再附加一点：如果两个孩子都很擅长做"家里的导航员 /大厨 / 解决问题能手"，千万不能总是挑其中一个去做这些事。如果你认为自己很擅长导航，可父母每次都让哥哥来导航，从不给你机会让你展示自己这方面的才华，那可真是太让人郁闷了。所以，父母一定要看看是否还有哪个孩子也想表现，不能忽视这个孩子的想法。

孩子之所以自信，之所以感觉自己是家庭中的一员，很大程度上是因为知道自己在团队中有真正的优势。

第七章

关于上学的法则

　　不管你喜不喜欢学校教育，孩子都必须上学。虽然孩子在上学时并不在你身边（除非是在家上学），但你的态度将对他们在学校的表现产生重大影响，而且并不仅仅是在学业上有影响。

　　在一学期当中，孩子待在学校里的时间比跟你待在一起的时间多，至少在醒着的时候是这样（假设孩子在学校时一直是醒着的）。所以，学校生活对孩子来说极其重要，他们希望你能对这一块感兴趣，关心他们在学校的情况，并能参与其中，即便你并未陪伴在他们身边。

　　从四五岁一直到 18 岁，孩子要一直上学。所以，如果在这方面有一些具体的基本法则，就可以让你和孩子更开心地度过学校生涯。

法则

069

上学不等于接受教育

　　我知道有的孩子从学校毕业时什么都不知道——也许除了会背乘法表和知道布基纳法索在哪里。也就是说，他们只掌握了一些知识。对，知识，这就是学校教给孩子的东西。好吧，还有一些分析技能，比如长除法和语法，但其中许多可能出了校门就再也用不到了。当然，也有一些是有用的，比如外语，但大部分技能显然没有任何价值。

　　不要误会我的意思，我不是在贬低学校。学校教孩子如何学习（这个技能让孩子终生受用），但孩子需要花十年、十二年甚至更长时间才能掌握它。孩子在成长过程中还需要拥有很多其他能力，而这些学校都没教，比如如何独立思考、如何更换灯泡、如何自信、如何不欠债、如何判断即将爆发冲突、如何友好地解决争吵、如何尊重他人、如何应对汽车抛锚、如何面对恐惧、如何在失败时保持良好心态、如何成为一个好的赢家……

　　可能你会说："学校能教孩子如何面对成功与失败，否则为什么开运动会。"是的，我知道学校在某些方面的确给了孩子很多操练机会（其他方面却没给），但并没教孩子如何能在这些方面胜出。如果孩子有胜出的想法，学校会让孩子不停地输，而且每次都输得很惨。是的，孩子的确在学校得到大量操练的机会，学到了一些东西，但这些他们在校外也全都能获得。孩子是在和小伙伴相处时才知道哪些行为可被接受，哪些不可被接受。这不是老师教的。只要跟一帮孩子在一起（当地的青少年团体、足球俱乐部、休闲娱乐场所），他们就能学到这些。

说了这么多，重点就是：让孩子上学和教育孩子完全不是一回事。学校教育很重要，但更重要的是良好的家庭教育。

学校的任务是让孩子好好学习，父母的任务则是教育他们。不要指望学校替你教育孩子。

据我所知，有些在家接受教育的孩子最后比那些接受全日制学校教育的孩子更有能力，发展得更全面，也更成熟。但我并不是让你在家里教育孩子（除非你想这样做）。我只是说，你不应该依赖学校教给孩子任何有用的东西——除了知识，以及一些奇奇怪怪的实用技能，比如如何演奏木笛或解剖青蛙。剩下的教育全靠你了。

对，知识，这就是学校教给孩子的东西。

法则
070

学校教育是打包的

世上没有完美的学校。你孩子的学校有几百个甚至几千个家长，他们不可能对学校做的每件事都赞成。如果学校的每个政策都要经过全体家长的一致同意，那么他们甚至连早上几点上学都永远决定不了。

当然，你会不赞成学校做的一些事情，比如给孩子布置的作业太多、惩罚太重（或不够重）、明明孩子不喜欢踢足球却还要求他们踢、下雨天还强迫孩子在户外玩……

可你什么都做不了。好吧，你可以换学校，可下一个学校同样也会有很多令人厌烦的规定，只是内容不同罢了。这意味着如果你鼓励孩子无视学校的规定，只会让孩子的学校生活很悲惨。他们会跟老师起冲突，而且很有可能被同学取笑。如果学校采用一套规定，家庭采用另一套规定，孩子肯定要崩溃了。

不管是什么学校，我们都要明白一点：学校教育是打包的，既有你喜欢的方面，也有你讨厌的方面，你必须全盘接受。如果讨厌的方面多于喜欢的方面，也许你需要考虑换所学校（这是另外一回事）。但是，只要孩子还在这所学校上学，你就得全盘接受它。这意味着你必须支持学校的决定，哪怕你并不赞成。你必须鼓励孩子做作业，即使你认为作业太多了。

你可能想知道，如果孩子直接向你发问"你认为学校给我们留这么多作业公平吗"，那该怎么办？要不要跟他们撒谎？你可以按我刚才告诉你的一五一十地跟孩子说："这是打包的，只要你在这所学校上学，就得全盘接受。"这样你就是在教育孩子（见法则69）如何作为社会群体的一分子行事。配合这个体制比赞同它更重要。

如果你想和我争辩，请先读完下一条法则再给我写信。

———————

学校教育是打包的，既有你喜欢的方面，
也有你讨厌的方面，你必须全盘接受。

法则
071

要维护孩子

法则 70 提到，即使家长并不赞成学校制定的每条规则，也要支持学校，不过不必无条件支持。对于学校的政策和体系，家长总体上必须支持，因为这是学校和家长的协议的一部分。但有时候会突然发生一些跟孩子有关的事情，这时候家长不能总是丢给学校来处理。

孩子需要知道父母是站在他们那一边的。如果出现了严重问题，父母是唯一能捍卫孩子权益的人（有时候他们需要有人替他们发声）。如果校方对霸凌应对不力，或者未能认识到孩子有诵读困难症，或者某个老师故意为难孩子，家长当然要采取行动。而且，孩子需要知道，如果事情超出了他们所能控制的范围，父母就要为他们出面。这就是父母的意义，否则，孩子就会眼睁睁看着你让他们继续受罪。

成年人可能已经忘记小时候那种无力感。现在我们能轻松应对某些局面，但小时候，这些局面却令我们异常畏惧。如果让我们现在忍受什么事情，似乎忍上几个月也可以接受，但对于四五岁甚至十几岁时的我们，几个月似乎遥遥无期。我还记得小时候在上课前承认自己（又）没做作业时的那种绝望感。如果这个老师现在站在我面前，如果他还想训我一顿，我会毫不示弱地反击，可那时我做不到。学生注定要屈服于老师的权威，而且他们也的确不具备与体系抗争的技巧或影响力。这时父母就要出面了。

我在想，在这个法则中，我是否应该用"抗争"这个词。因为，变通的方法当然比争斗好，我并不主张冲进校长办公室，愤怒地向他提出要求。更有效的处理方式是，让校方知道你能从他们的角度看问题，然后引导他们接受你的思维方式，这样就能体现按法则行事的家长的价值了。因为，按法则行事的家长知道，必须小心应对这种局面，否则还没等你开始提要求，校长就先发火了。

要指出的是，如果你能遵守法则70，法则71的效果就更好。换句话说，如果学校认为你是一个在正常情况下并不会抱怨的家长，那么如果你有什么不满意的地方，他们就会更认真地对待你。相反，如果你从孩子上学那天起就不停地发牢骚、批评学校，你就会被校方记录在案，如果突然发生了什么真正重要的事情，学校根本就不太可能听取你的意见。

———————

孩子需要知道，如果事情超出了他们所能控制的范围，父母就要为他们出面。

法则

072

————

霸凌永远不可忍

　　我认识一个叫泰德（Ted）的孩子，他很讨厌自己的名字，因为它跟很多东西谐音。显然，他的同班同学也发现了这点。"泰德，泰德，爱尿床"，他们最喜欢这样取笑他。[*]他们认为这挺有趣，可泰德不这么认为。

　　当父母的总是觉得这类事情没什么，不把它当回事。他们会告诉孩子："棍棒和石头会打断你的骨头，但言语永远无法伤害你。"按法则行事的父母当然不这么认为。的确，被人拿无伤大雅的话开开小玩笑总比被人为了讹你午饭钱而每天打你一顿要好（在接下来的法则中，我们会讨论后者这种程度的攻击），但是，并非所有嘲讽都可以划归为无伤大雅的玩笑，有些嘲讽之词很伤人，会给孩子造成伤害。

——————————

[*] 英文中的"床"是 bed，与 Ted 谐音。当然，如果他的名字是乔、哈里或汤姆，他们也同样会找到谐音。不过伊拉兹马斯或夸特利这样的名字可能找不到谐音。不过那样的话，他就要有更大的麻烦了。

最重要的是孩子的感受。是否有孩子给他们起外号或是否全班都跟他们断绝往来，这些不重要；是否有哪个孩子昨天踢了他们，或者某个团伙经常打他们，这些也并不重要；哪怕父母将这些定性为戏耍、嘲弄和霸凌都不重要。唯一能判断问题严重性的是孩子的感受。

如果孩子受了伤，感到很难过，你就必须采取行动。根据具体的情况，你可能需要跟孩子谈谈该如何应对（参见法则73），或者需要跟学校谈一谈。你也可能有什么锦囊妙计（给泰德改名可能有点儿极端了）。总之，你必须让孩子看到，如果他们把它当回事，你也会当回事。

这里我提个醒，不要直接找对方家长。如果你得知自家孩子在霸凌别人家的孩子，你就会第一时间挺身而出为孩子辩护，至少会当众辩护，无论私下你可能跟孩子说什么。在这种情况下，大多数家长之间的交锋都会以愤怒告终，而且会更固执己见。所以，除非你非常肯定自己能让局面好转，否则千万不要这么做。

───────

你必须让孩子看到，如果他们把它当回事，
你也会当回事。

法则

073

教孩子要为自己挺身而出

　　我不是在暗示你教孩子用武力对付所有欺负他们的人。我的意思是，每个学校都会发生过类似霸凌的事（不过有些学校处理得比别的学校好），所以你得做好心理准备。如果你的孩子遭到了霸凌，你必须要采取行动，这一点我们已经知道了。我要讲的是育儿法则，不可能整本书都讲如何应对霸凌。

　　那么，本条法则讲的是什么呢？嗯，如果你的孩子正在遭受（或可能遭受）霸凌，你能做的最要紧的事情是教他们第一时间去应对，否则，它会愈演愈烈。知道为什么有的孩子会被霸凌吗？因为他们跟别人不一样。研究人员发现，有 75% 的孩子曾因长相被人取笑或欺负，并为此痛苦。事实上，每五个孩子中就有一个曾因害怕他人嘲笑自己的外表而逃课、逃学、装病请假。这个数字很吓人，对吧？

　　关于如何应对霸凌，有两种传统方式，它们也代表两个极端。一派观点认为，应该让孩子打回去。这种方法虽然有效，但往往会导致问题升级（并不奇怪）。另一派认为，只要不去理会，对方就会停止霸凌。的确，有些父母的确会给提这个建议，因为这是他们希望看到的结果。但事实证明，结果恰恰相反。

那该怎么办？最好的办法是让孩子看起来很自信，并直视对方，然后改变话题，让霸凌者分心。当然，这个办法并不是每种情况都适用，不过，如果你的孩子天生就很自信，有很强的自尊心，而且很在意自己的外表，那他们首先就不太可能遭到霸凌。你可以在他们遇到人生第一个霸凌者之前就把所有这些教给他们。

我并不是说孩子遭到霸凌是你的错（也不是他们的错）。如果他们戴眼镜或有什么残疾，那也不是他们的错。但我认识一些孩子，他们戴眼镜，或有某方面的缺陷，但却从未遭到过霸凌。关键是不要给别的孩子机会，让他们注意到你家孩子跟别人不一样。当然，如果孩子偶尔草草地梳下一头，一般没人会注意，但如果孩子总是邋里邋遢、身上有异味或头发乱蓬蓬的，就会有人注意。我上学的时候有个孩子很出名，大家都管他叫"臭丹顿"。我连这孩子姓什么都记不得了，但我能记住他的身上的异味。

一定要让孩子做到以下几点，这样就能帮助他们免于遭受霸凌：

- 自信、胸有成竹。
- 不要胖。
- 仪表整洁（干净、讲卫生等）。

这个起点很棒，除此之外，如果你能让他们知道直视对方、不胆怯的重要性，就已经尽了自己最大可能来保护他们，帮他们远离麻烦。

————————

　　孩子遭到霸凌不是你的错（也不是他们的错）。

法则
074

容忍孩子的朋友中你不喜欢的人

孩子是否有一些你不喜欢的朋友？比如，那个在托儿所里趁人不注意去揪别的孩子头发的调皮鬼；或是五年级那个女孩儿——明明之前还跟孩子是好姐妹，结果突然就不跟孩子说话了；或是那个经常逃学的 15 岁的半大小子（而且你搞不太准他是否抽烟）。

对，孩子在整个学习生涯中会结交一些朋友，有时候你宁愿他们没这些朋友。也许你感觉这些朋友让孩子难过，或是对孩子产生了"坏影响"，引诱他们惹老师生气或逃学。我妈妈讨厌我的每一个不"好好"说话的朋友（她把我送去读南伦敦的一所学校，这所学校在这方面的确有点问题）。不过，她至少从未发现我有个朋友在他家花园的棚屋里教我做过自制炸弹。

那该怎么办？如果你读了这条法则的标题，就知道答案了。对，你只需忍受。孩子必须学会如何自己挑选朋友，即使你不喜欢他们选中的那些人。他们必须自己决定何时再也不想忍受阿莉雅对朋友忽冷忽热的态度，或者决定该不该跟杰克一起逃掉法语课。

孩子在择友上的决定最终会体现你努力给他们传递的那些价值观。这需要时间。他们必须做试验，只有交了不该交的朋友，才知道哪些是益友。所以，如果孩子6岁时和一帮捣蛋鬼一起玩耍，不要自责。你在育儿方面的正确努力最终会显现出来。

　　而且，孩子会从朋友身上学到很多东西，不管是好朋友还是坏朋友。因为从不上法语课而导致法语考试不及格比老老实实上每节课，最后通过了考试教给孩子的更多。[⊖]

　　坏朋友能教给孩子很多东西，只要你能教会你的孩子坚守自己的立场。

　　再说，你怎么知道孩子结交的是好朋友还是坏朋友？也许你的孩子的性格中有狂野的一面，需要你的包容，即使你的性格中并没有这一面，或者你并不喜欢这一点。那个抽烟的孩子也许对朋友极度忠诚；那个把你女儿搞得心绪不宁的孩子也可能会在班级恶霸面前护着她，或是当你女儿心情不好时能逗她笑。如果孩子抽烟或破坏别人的汽车，你当然没必要忍，但是如果孩子的朋友干了这些事，他们依然还是孩子的朋友。

　　就我个人而言，虽然在孩子的朋友中我非常喜欢某些孩子，但我也愿意包容那些我不喜欢的孩子，因为我知道，即使是那些不讨我喜欢的孩子也能给我的孩子一些有价值的东西。

你怎么知道孩子结交的是好朋友还是坏朋友？

　　⊖　不过，当然没有法语课教给你的多。

法则

075

记住，你是孩子的家长，
不是孩子的老师

你当然希望孩子在学校学习好，考试取得好成绩，你甚至可能想提前做好计划，希望他们将来能上一所好一点的大学。所以，你总是忍不住过度关注孩子的学习情况（无论是检查老师给他们留了什么作业，还是自己再教他们一点儿）。

我认识一位父亲，他动不动就问孩子本周在学校学了什么，然后在周末花一半的时间跟孩子讲自己在这方面所掌握的一切知识（他确信自己比老师懂得要多得多）。这是一个多好的让孩子超负荷运转，直至厌学的方法。

让我们把这事弄清楚。老师的任务是将知识传授给孩子，并辅导他们，让他们在考试中考好，所以考试既衡量学生的水平，也衡量老师的水平。而你并不是孩子的老师。你可以允许孩子出错，让孩子自己从错误中学到东西，不用去纠正他们。你可以教孩子我们前面谈到的所有重要的生活技能（参见法则 12），学校可不会教这些（没办衡量），但这其实比学习上的成就重要得多。

你可以鼓励孩子尝试新事物（观鸟、上空手道课、露营），培养新的兴趣爱好，结识新朋友，还要鼓励他们博览群书、关注世界、多问问题并形成自己的见解。

有时候学校生活几乎占据孩子生活的全部，所以他们需要父母带他们认识世界。如果孩子在家时你还不停地问他们作业做得怎么样，本周考试排第几名，或者坚持给他们讲你所了解的有关亨利八世的一切，那学校就会渗透到他们生活的方方面面。另外，如果老师因为什么责备了孩子，你就不要再批评他们了。你也不应该暗示老师小题大做，这会削弱学校的权威（参加法则70），相反，你要告诉孩子："即使你不同意这样的做法，也应该按学校要求的做，不过，既然你已经被责备了一次，我就不再说你了。"然后你可以换个话题和孩子交谈。

是的，我知道孩子得做作业，而且，如果你不问他们脏运动服在哪儿，就没办法帮他们洗（你怎么也想不到他们的袜子会跑到铅笔盒里），但是，让孩子在家时尽可能地远离学校吧。孩子越大，学校就越在他们的生活中占主导地位——学习时间增长，作业量增多，考试压力增大，所以父母就越要给孩子放松的机会，让他们一放学就赶紧离开学校，这才是最重要的。

这并不是说父母不能对孩子在学校做的事表现出适度的兴趣，或是跟孩子讨论一些他们感兴趣的话题。而是说，父母要让孩子安静一下，给他们空间，让他们想些别的，或是做点其他事情，拓宽他们的视野。

————

他们需要父母带他们认识世界。

法则
076

别娇生惯养

我敢说你孩子班上的有些孩子几乎从来不去上课，特别是在冬天。这些孩子被爸爸妈妈过度保护，总是一咳嗽、一感冒或有什么假想中的过敏情况就不去上学。[○]即使去上学，他们也会拿手指受伤了或早上有点不舒服为借口，不去参加体育比赛或游泳。我上学的时候有个同学，他患有花粉过敏症，一旦严重发作，他就不来上学。他错过了无数节重要的课，朋友们也已经习惯了整个夏天玩的时候都没有他，等他秋天回来上课时，已经没办法融入班级了。这有什么意义呢？他家有一个大花园，待在家里会加重他的花粉过敏，还不如来上学，因为学校里都是柏油路面。

这些年来我发现一件事，那些稍有风吹草动就让孩子待在家里的家长正是那些动不动就因为头疼、感冒而不去上班的人。他

○ 提起这个我就一肚子火。我知道有些人真的会过敏，而且很严重。这就是为什么我会被所有那些假装过敏的情况搞得很气愤，它们削弱了那些正当过敏患者的可信度。

们的孩子长大以后也会一流鼻涕就哼哼唧唧，想让别人照顾自己，稍有一丁点不舒服，就觉得不该去上班了。

我想对这样的父母（当然不是你，因为你不会这样做）说："如果你只是得了轻感冒，那么不管是上班还是在家，感冒症状都不会消失。所以还不如去上班。对孩子来说也是这样。你把他们训练得每次稍有不舒服，就巴不得世界都会为他们停下来，这对他们没好处。孩子未来的老板也不会感谢你，相反，这些老板在考虑提拔谁时会跳过你的孩子，因为虽然你的孩子工作很棒，但出勤率实在太低。"

育儿有道的父母培养出的应该是有毅力、坚强的孩子。按法则行事的父母想要的是皮实、结实的孩子，而不是随心所欲、体弱多病的孩子。有趣的是，这些年来，我曾与带病坚持上班的人共事，也曾与刚一流鼻涕就立刻请假在家休息的人共事。你猜怎么着？跟那些一天到晚心疼自己的人相比，那些坚持来上班的人生病的时候少得多。

当然，如果孩子真的病了，要让他们待在家里；但如果没病，就没这个必要。如果孩子的身体没什么大碍，能到处跑，上学也就没问题。只有当他们真的病到一定程度，必须卧床或盖着毯子躺在沙发上休息，这时才应该待在家里。孩子不上学的话，既见不到朋友，也上不了课，这对他们没半点好处。别跟我争，说这时候让孩子上学会在学校里传播细菌。你觉得孩子一开始是在哪里被传染上细菌的？如果孩子病得很轻，完全可以去上学，那么也就不会传染班里的其他孩子。

所以，不要娇惯孩子。当然，要心疼他们（感冒也不是什么好玩的），但不要让他们从小到大一直觉得感冒是请假的好借口。

————

育儿有道的父母培养出的应该是有毅力、坚强的孩子。

法则
077

减轻压力

孩子肯定想在学校考出好成绩。无论是考试还是学业评估，无论是单纯想考得好还是真的需要这个成绩来继续学习某个科目或修一门他们想修的课程，他们都必须要考试及格，甚至拿到特别好的成绩才行。

孩子很清楚这一点。老师不停地跟他们讲，朋友们也不停地跟他们讲，他们自己也不停地跟自己讲。父母就不用再跟他们讲了。压力太大会起反作用，可能会给孩子造成严重的心理问题。

父母该干什么呢？父母要让孩子客观地看待事物。比如，在孩子 16 岁时，学校很可能给孩子留有考试成绩决定一生的印象。其实并不是这样的。我几乎没参加过什么考试，但这对我毫无影响。众所周知，爱因斯坦期末考试不及格（注意我将自己与爱因斯坦相提并论，只为了让自己感觉好一点）。

你要想一想考试这件事给孩子带来了多大压力。很可能甚至都不用你说，孩子自己就已经感觉到了巨大的压力。所以，不要再给他们施压了，相反，你可以让他们多一些视角。我们自己小时候也很难预知从学校毕业后的情况，所以你的任务就是宽慰孩子，告诉他们生活中有比学习成绩更重要的事情，即使是考试不及格的孩子也有可能成长为幸福、有成就感的人。考得好当然很棒，但即使考不好，天也不会塌下来。要是这个可怜的孩子已经处于极大的压力之下，你就得开导他们以减轻他们的压力，这其实更有可能让孩子考好，否则他们会精神崩溃。你要安慰他们，不管发生什么都没有问题。

但是，假设你认为孩子确实没给自己足够压力，没把这一切当回事，没认识到后果，那怎么办？如果是这样，你也不用敦促他们更努力，只需强调一下可能产生的后果，还可以问问他们是否真能承担得起看电视、跟朋友出去玩的后果。你可以这样问孩子："你觉得你通过考试的概率有多大？你想过如果不及格会怎样吗？"

不过，最终，到底用功到什么程度，必须由孩子自己决定。父母不能逼迫他们。即使把他们锁在房间里，也不能保证他们会用功。所以，与其给孩子增加压力，何不把他们从重重压力中拯救出来呢？何不做他们的避难所？一旦孩子认识到你不会逼迫他们，就更有可能自律。

不过，最终，到底用功到什么程度，
必须由孩子自己决定。

法则

078

让孩子自己做选择

16 岁那年，我决定加入英国林业委员会。我被录用了，就在即将开始接受培训时，我突然宣布，其实我真正想做的是读艺校。这个转变太突然了。我的母亲肯定对我很有想法，不过她很厉害，什么都没说，直接支持了我的选择。我到现在还不知道她觉得什么最适合我（如果说这两个选择之中有一个适合我的话）。

如果你关心自己的孩子，那么对于他们的大多数选择，你都忍不住会有想法。你担心他们会觉得自己选的科目太难，担心他们会后悔放弃学西班牙语，担心他们是因为喜欢那个老师才决定学物理。但你什么也做不了。你可以帮助孩子（温和一些，不能给他们施加压力，也不能表达你自己的偏好）做出他们所能做出的最好决定，哪怕你担心这并非最佳选择。

你也要问自己几个问题：我认为孩子应该做某些选择，如果他们没做，会发生什么？我之所以希望孩子做这个选择，是为了孩子还是为了我自己？我知道你是一位按法则行事的家长，不会刻意引导孩子走某条职业生涯或人生道路，但你也很可能认为自己看得比谁都清楚。你可能认为你所做的选择都是为了孩子好，但即使这样，你也可能是错的。

正如我反复强调的那样，身为父母，你的角色比学校的角色要广泛得多。你不仅要教孩子化学、音乐或英语，还要教他们生活技能，而这其中就包括做决定这类事情。如果不让孩子做决定，就等于没帮他们。

顺便说一下，我长大后并未当林务员或艺术家。在最终定下来当作家之前，我干过各种各样的工作。我的一个朋友在上学时曾苦苦思索该学拉丁语还是俄语，他现在经营着一家求职机构。另一个朋友无法确定在大学里该读哲学专业还是社会学专业，她现在为一家环境保护慈善组织工作。我认识两个人，他们在大学里学的都是化学，现在一个是功成名就的商业银行家，另一个是功成名就的小丑（真的，没错）。我甚至认识一位72岁的老人，他在15岁时辍学，当了一名海关官员，60多岁时他又接受再教育，拿到了法律学位，当了一名律师。

瞧，我们的选择会对我们走哪条人生道路产生一定影响，但这种影响绝对没有我们想象得那么大。所以，不妨让孩子去学他们想学的专业。如果你给了他们在成长过程中所需要的自信和技能，那么无论他们在学校选择学什么、无论考试成绩如何，他们都将拥有适合自己的职业生涯。

————————

你可以帮助孩子做出他们所能做出的最好决定，
哪怕你担心这并非最佳选择。

第八章

关于青春期的法则

　　如果你读到了这里，你已经基本上成为一名按法则行事的家长。但是，青春期的孩子总有办法向你发起新的挑战，让你对于如何当一个好家长感到毫无头绪。

　　孩子到了青春期后，你的养育任务就已经完成了一大半，在接下来的短短几年里，你就要给孩子灌输一些你希望能伴随他们走进成年的价值观和人生准则。不过，青春期最让你感到猝不及防的是，你之前的全部努力似乎都白费了，孩子似乎把它们全都扔掉了。

　　但实际上，只要你保持镇定，遵循本章这些基本法则，就会发现，孩子会蜕变成一个了不起的年轻人，会令你引以为豪。

法则
079

—

莫惊慌

青春期啊，我也经历过，真是好可怕的一个时期。突然间，你那可爱至极的小宝贝变得让你认不出，他 / 她成天闷闷不乐，不喜欢跟人交流——这还算好的；糟糕的时候，他 / 她简直就是从地狱里跑出来的恶魔。

所以，第一条青春期法则就是：莫惊慌。青春期就是这个样子。你不是唯一一个要经历孩子青春期的家长，大多数家长都如此。有些人轻松地就过去了，但是，如果你有多个子女，要想让他们都毫无痛苦地度过青春期是不可能的，这几乎闻所未闻，而且也可能不健康。

还记得孩子的"可怕的两岁"那个阶段吗？是的，它又卷土重来了，而且这一回更严重、更可怕。"可怕的两岁"指的是儿童在两岁左右时会突然意识到自己并非父母的延伸，他们会不断试探父母的底线来确定哪些事情能做，哪些事情不能做。青春期的孩子是两岁孩子的成人版。每个孩子都要走自己的人生之路，而且要独自行动，所以他们就在这一时期挣脱父母。而且，对于自己要迷途远航，孩子并不总是与父母意见一致。

除此之外，进入青春期后，孩子体内的激素会飙升，其中有些激素的确会影响他们的大脑功能和沟通技巧（如果不信，你可以在网上查一下这方面的研究）。所以，难怪父母要遭点罪。

在我认识的孩子当中，有些到了十六七岁时整个青春期的烦恼就结束了，有些则直到二十出头才开始，但这些孩子几乎全都在某一时期、某种程度上经历了这一阶段。总的来说，与从两岁起就恨不得能赶紧长成大人的孩子相比，那些家里的老小、喜欢被人当小宝贝的孩子的青春期来得要晚一些。但是，但凡孩子想挣脱你，就必须经历这个阶段。

我有个朋友的女儿18岁那年还没明显表现出青春期所特有的叛逆和焦虑，所以她以为自己躲过去了。可6个月后，她女儿突然变得闷闷不乐、郁郁寡欢，开始了青春期的叛逆，而此时她的同龄人大多数都已经走了出来。瞧，真是一刻也放松不得。

好消息是，一旦孩子走出青春期，你所熟悉的那个孩子就会重新回来。当然，他们是有变化的——长大了一些，也更明智了——但是，你花了那么长时间灌输给他们的那些价值观和理想全都还在。你只需坚守信念，再坚持几年，一切都会好的。

———————————

坚守信念，再坚持几年，一切都会好的。

法则
080

牢记牛顿第三定律

你太爱孩子了，所以看不得他们犯错误，因为你觉得这些错误以后会反噬他们。但多年来，你已经习惯于让他们犯些小错误，比如吃太多布丁或在骑车下坡时太快。而随着时间的推移，错误越来越大。

因此，现在你不得不看着他们在朋友的聚会上喝得太多，或者穿着暴露。也许当他们在 16 岁那年决定辍学时，或者因为早上起不来而放弃一份好工作时，你甚至不得不袖手旁观，而你曾希望他们能上大学。这些比让你的两岁孩子吃太多的布丁要严重得多。风险越来越大。

最糟糕的是，你甚至可能不得不看着孩子重复你的错误。他们放弃了理科，只是因为讨厌那个老师，而他们本来可以有一个辉煌的职业生涯；或者本来已经把所有的钱都存起来，为将来的游学年做准备，然后脑子一热，把钱花在了一辆甚至不能正常行驶的车上。你可能已经提醒过他们，很可能是大声地强行制止。

但是，多年前你的父母提醒你的时候，你听进去了吗？

除非孩子将自己置于严重危险之中，否则你真的必须忍受。有时，即使很危险，你也别无选择。你越是想提醒他们，就越是把他们推向相反的方向。他们在寻找不喜欢的东西，可以反叛的东西，因为他们天生就被设定成这样。你用的力越多，他们用的力也会越多。还记得牛顿第三定律吗？

每一个作用力都有一个方向相反的反作用力。牛顿完全可以把它称为"青少年第一定律"。

那么，父母在看到孩子出错时，能做什么？你可以告诉孩子你的想法，但不要告诉他们该怎么做。你要用对待成年人和与你平等的人的方式告诉他们，而不是说："我告诉你我的想法！我认为你是个大傻瓜！"你应该多这样说："这是你的决定，但你有没有想过，如果你把钱花在这上面，你的游学年的资金从哪里来？"像个成年人一样和他们交谈，那么他们也许就会像个成年人一样回应。即使他们这次不这样，下次也许就会了。如果孩子知道你会以平等的方式给他们提建议，肯定更愿意征求你的意见。

———————

多年前你的父母提醒你的时候，你听进去了吗？

法则
081

让孩子发声

孩子得学会如何做决定、如何妥协、如何谈判，以及如何作为团队的一员与他人合作。如果想教给孩子这些，还有什么比让他们参与家庭决策更好的办法吗？对于一些对孩子有影响的决定，你应该征求他们的意见，正如你期望别人会征求你的意见一样。

当然，孩子并不总是能投出决定性的那一票。他们得明白，如果这是你的房子、你的钱，那么你就有最终的否决权。但也不能太死板。的确，你不可能在孩子们的强烈要求下对房子进行扩建，增加 3 个卧室，就因为他们想每个人都有一间卧室和一个书房。但是，你还是可以就如何改造现有空间以对其进行最大限度的利用征求他们的意见。

孩子长大一些后，需要学着自己做决定，需要帮别人出主意，需要别人像对待大人一样对待自己。如果他们自告奋勇来自己粉刷卧室的话，为什么不能让孩子选择用什么颜色的颜料来粉刷卧室？我还记得我的一个孩子在十几岁时填补卧室墙上的一个小洞的情形。等他填好后，我发现他填补的那个地方坑坑洼洼，大约有 15 厘米长。我并没将它抹平，而是把它保留了下来，作为他初次尝试装修的纪念。他早就离开家了，可墙上那块凸起还在。他现在已经能极其娴熟地粉刷墙壁，成了个创意专家，但墙上这块补丁提醒我，必须要让孩子动手做点什么，总要迈开第一步。[○]

如果你们还一起度假的话，你必须制定预算，但等孩子到了十几岁时，他们每个人都可以发表意见，大家可以一起商量去哪里度假，一起做决定。当然，如果你坚持的话，可以保留否决权，但这样的话，他们也可以否决。

当然，不仅仅要让孩子学着做决定（尽管这很重要），还要让孩子感觉自己参与到了家庭事务中，参与制定那些对他们有影响的决策，要让孩子有参与感。

你可以把这个方法应用到制定家里的规则上。曾赢得世界杯冠军的英格兰足球队的全体球员都会坐下来，共同商量、制定一些有利于他们获胜的规则，并坚持遵守这些规则，因为每个人都参与了规则的制定（用商业术语来说就是，他们是这些规则的"所有人"）。

当然，父母越是能多抓住机会，将青春期的孩子视为负责任的成年人，亲子关系就会越好，孩子也会更受鼓励，更愿意像负责任的成年人那样表现。这会让每个人都感到放松。

────────

要让孩子有参与感。

────────
○ 我不是有意想让自己看起来很动情、很甜蜜。我之所以保留了它，很大程度上是为了激励他。

法则
082

不要刨根问底

　　青春期的孩子会做一些不想让你知道的事情。当然，其实你知道这些事情，这正是你担心的原因。如果你完全不知，就会快乐得多。

　　你的女儿已经和她的男朋友走得很远，远远超出了你希望的那样。你的儿子也看过色情杂志，他俩还吸过烟。但他们的房间里不会有任何证据，所以你也没有必要去寻找。你不需要翻看床垫下面，也不需要去读他们的私密日记，因为这样做毫无意义。

　　你不会发现任何在你之前的成千上万的父母都没有发现的东西。事实上，你可能不会发现你自己的父母没有发现的东西。那你打算与你家的青少年对峙？这会严重损害你们的亲子关系，而他们只会把东西藏得更隐秘。

　　也许你应该回想一下自己在青少年时期所做的那些不想让父母知道的事情，也许你到现在都还在做一些不愿意告诉父母的事情。明白了吗？你的孩子只是一个非常正常的青少年。如果你不对所有这些完全正常的青少年做的事情大惊小怪，他们就更有可能在事情失去控制或成为真正棘手的问题时来告诉你。这就是真正重要的一点。如果你表现得若无其事，仿佛被他们隐藏起来的所有东西都是正常的，他们就会觉得可以和你说话，不用担心你会有不理性的反应。

担心根本没有意义。到了这个阶段，你必须依靠你在过去十几年里对他们的教导，并遵循法则80。你管得越严，问题越糟糕。所以不要为难他们。

而且，从好的方面看，如果你不去翻看孩子的床垫下面，或者不读孩子的日记，这反而会增强你与孩子的关系。孩子会尊重你，因为你保护了他们的隐私（当然他们不会这么说），还因为你的观念开明、属于现代派，可以让他们不受干扰地度过青春期。

————————

青春期的孩子会做一些不想让你知道的事情。
当然，其实你知道这些事情，这正是你担心的原因。

让孩子学会独立

18 年前，你开始了为人父母的生涯，并一直在计算日子：还剩多少年孩子就独立了？这意味着他们必须要知道如何买东西、做饭、打扫卫生（无论如何也要在一定程度上做到）、自己洗衣服、付水电费、赚钱，以及所有其他一切事情。

我认识一些家长，他们还在照顾自己 18 岁的孩子。那些孩子就让他们去照顾。事实上，我有一个朋友，他现年 35 岁，还把脏衣服拿到他母亲那儿去洗。我不是批评他借用他母亲的洗衣机，这样的话还可以理解，而是说他把脏衣服交给他的母亲，让她来洗。一个巴掌拍不响。

你现在已经在为孩子独立倒计时了。如果你的孩子到了 18 岁成年的时候还从没用过洗衣机，从没做过一顿像样的饭，你觉得这对他们真的公平吗？孩子也许意识不到这是什么缺陷，可是，作为一名按法则行事的家长，你十分清楚，对孩子娇生惯养无法让他们为踏入现实世界做好准备（参见法则 76）。

你知道自己的孩子有什么优势和劣势，别人也一样知道。所以，好好想想他们还需要学些什么，然后一定要让他们去学。如果孩子在理财上一塌糊涂，就教他们做预算，让他们按你平时的预算去为全家采购一周内所需要的东西；如果他们的手机话费超出了你们约定好的数额，就坚决不给他们充值。你还可以让孩子负责洗一周家里的脏衣服（为了补偿，可以考虑下一周不用他们洗碗），这样他们就能学会用洗衣机，还能认识到把洗好的衣服一件件挂起来晾晒并且再把它们一件件叠起来是多么累人（这甚至可能会让他们在把几乎没怎么穿的衣服扔进脏衣篮之前三思一下）。

你甚至可以在自己外出的时候，让大一些的孩子（十几岁）看家。是的，我知道你在想什么。对，你必须得给他们足够丰厚的奖励，才能让他们抵制把朋友全都请过来开个狂欢派对的诱惑。一定要让孩子知道，某个邻居或朋友会盯着他们。

加油，你可以开动脑筋，想出一些有趣的方法来教孩子一些重要的技能，这些方法应该能吸引他们，让他们感觉蛮好玩的（至少要坚持到他们的新鲜感消退，到那时他们应该已经学会了些什么）。

你现在已经在为孩子独立倒计时了。

不要站在一辆疾驰的火车前面

现在你已经知道要允许孩子犯错误（法则 80）。到目前为止，你做得还不错。那么，在下面这些决定中，有多少是你打算允许他们自己做的呢？

- 骑摩托车？
- 逃学？
- 说脏话？
- 吸烟？
- 16 岁前有男 / 女朋友？

这些项目一个比一个棘手，对吧？你真的打算让他们干所有这些事？好，让我们换个角度看一看：你打算如何阻止他们？在当今这个时代，你能做得越来越有限。你可以冲他们吼叫（参见法则 85），可是他们才不会理你，就像他们 5 岁时对待你的吼叫的态度那样。再说了，现在的孩子会冲你吼回去，而且嗓门比你还大。你也可以关他们的禁闭，但他们会从窗户爬出去，或者好好表现，直到你最终让他们出去，而之后他们会更小心翼翼，以免被你抓住。你还可以不给他们零花钱，可是他们现在大了，能自己赚钱了。

我认识一个人，他的父亲真的剥夺了他的继承权（他们家特别有钱），就因为他剃了光头。

而这都不能激励他把头发重新留起来。这就是青春期的孩子——如果被剥夺继承巨额财产的权利都不能刺激到他们，那什么都不会起作用。（恰巧，还没等这位父亲冷静下来，将儿子的继承权重新写进遗嘱，他就突然病故了，那个儿子真的失去了这份财产。）

所以说，你基本上别无选择。不管你怎么做，你家处于青春期的孩子都会表现得和其他青春期的孩子一样。你要么接受他们的叛逆，要么与其斗争，不管你怎么做，他们都更有可能做出你不想看到的决定。

你还可以做另外一件事：信任他们。每个孩子都会受到诱惑，去做父母不希望他们做的事，比如吸烟。但是，如果你信任自己的孩子，相信他们能为自己做出负责任的决定，就很有可能起作用。如果不行，别的方法也都不管用。相信我！

不管你怎么做，你家处于青春期的孩子都会表现得和其他青春期的孩子一样。

法则

085

吼叫不是办法

假设你的孩子做了法则 84 中提到的所有事情。是的，这太可怕了，想都不敢想。假设他们只做了其中一两件事情，但情况越来越糟，你是否愿意他们来向你寻求帮助？

当然愿意。毫无疑问，你想帮他们。可是，你确定孩子会告诉你？孩子如何决定是否该告诉你呢？回答是，他们会根据以前你发现他们干坏事后的反应来做出判断。这些坏事可能是一些小错误，比如把涂料洒在卧室地毯上，或者答应你派对结束后有人会开车顺路把他们带回来，结果你发现他们是在路上拦便车回来的。

你那时是怎么反应的？你是冲孩子大喊大叫，痛斥他们如何让你失望，你再也不可能信任他们了，还是认真地、冷静地跟孩子讨论这件事，向他们解释你为何那么担心？

事实就是，你完全有理由冲他们大喊大叫并痛斥他们如何让你失望，但是，其效果与你想要的恰好相反。如果你希望孩子能在陷入麻烦时来找你，就必须让他们知道，你会很严肃地看待这件事，但不会冲他们吼叫。你可能不喜欢这样，但事实就是如此。在你十几岁时，你肯定也有过差不多的感受。如果你的父母喜欢冲你吼叫，我敢说，你跟他们讲的还没有你那些朋友跟他们的冷静的父母讲的一半多。

瞧，孩子很有可能已经知道自己做错了什么或感觉自己很蠢，可能会对此感到尴尬、羞愧。他们真的不需要你再冲他们喊叫，这会让他们更加无地自容。实际上，如果你的反应很冷静，不去贬低他们，他们甚至可能会对你感激涕零。这是你的加分项，下次他们再犯错，就会来找你求助。

记住，你的孩子会根据你对他们惹的一些小麻烦的反应来判断你对大事的反应。基本上，一旦孩子到了某个年龄，你就不得不改变自己的育儿风格。你不能再不停地提醒孩子一定要做什么，以及一定不能做什么。你必须转变角色，让自己更像是一个导师或一名顾问。这样的话，等他们到了18岁，你就差不多可以平等地对待他们了。当然，只要他们还待在你的房子里，就得遵守家里的规定。但是，如果是你的朋友或父母来你家，也要遵守你家的规定。至于孩子如何过自己的人生，你对此没有控制权。当他们到了十五六岁时，差不多就是这样子了。所以，不要再吼叫，要像跟成年人交谈那样和他们交谈。这真的很难，但却是唯一有效的办法。

基本上，一旦孩子到了某个年龄，
你就不得不改变自己的育儿风格。

法则

086

让孩子说最后一句话

　　有时候做到这点很难。但是，你必须取大舍小，而且，正如我们刚刚讲明的，千万不能让自己陷入吼叫的模式。

　　跟青春期孩子的对话并不是每一次都能友好地结束。我想你明白这一点。这意味着当你们结束一场费劲的讨论时（或是孩子以走开的方式向你宣布对话结束），你们中的一个人可能会来句气鼓鼓的、乖戾的、吃了枪药似的、尖酸刻薄的结束语。对方也会回怼一句。就这样如此往复。瞧啊，你们的讨论压根就没结束。这时候它已经不再有任何建设性。事实上，它正在沦为我们刚刚明确要避免发生的那种吼叫比赛。

　　此时，总得有人停下来。每个青春期的孩子都是结束语大师，他们说的最后一句话就是要刺痛你，让你反驳。不要上当。不要让他们把你再拽回争吵中。而且，不管你做什么，都不要小题大做，再开启一场无意义的、没必要的关于不要出言不逊、不要顶嘴的讨论。

此时得有人能克制，不去说最后一句话。那么，唯一的问题就是，你们当中谁是这个人呢？应该是：

（1）那个有多年经验并对当下所发生的事情有成熟认识的人？

（2）那个没什么经验、体内激素飙升、羽翼丰满的青少年？

我不想替你回答这个问题，我只是想指出，如果你控制不了自己，忍不住想去反驳最后一句话，那你怎么能因孩子经不起诱惑而批评他呢？我承认，这的确很难（事实上，我之所以写这条法则，主要是为了反复读给自己听，直到自己能完全领会）。但是，你可以给孩子树立一个了不起的榜样，培养他们保持缄默的能力。所以，让孩子看看你是如何做到的，同时你还能占据道德高地。

最后一句话在很大程度上关乎你是否感觉自己"赢了"，或是挽回了脸面。让对方说最后一句话无异于承认他们赢了这场争论。唯一能让我保持沉默的方法便是提前做好打算：我要比他们更有自制力，而且要通过不必去说最后一句话来证明这一点。这意味着当我决定不去回应时，我感觉能控制住自己，这在心理上让我重新占了上风。至少在我那个无足轻重的小世界里是这样的。不过这很有用，而且会大大缩短与青春期孩子的很多争论，太值得了。

———————————

不管你做什么，都不要小题大做，再开启一场无意义的、没必要的关于不要出言不逊、不要顶嘴的讨论。

法则
087

一切都是有条件的

孩子在生活中必须要明白一件重要的事情，那就是，权利和责任是密不可分的。你的任务就是要教他们认识到这一点。或者我该说这是你的责任。

比如，孩子可以要求你像对待成年人一样对待他。但是，他们得明白，有了权利就有了责任，他们得表现得像个成年人。如果他们逃避责任，就会失去权利。

一旦孩子进入青春期，这个原则就会真正起作用了。对于他们所要求得到的每个权利（青春期的孩子实在太喜欢要求得到权利了），你都要向他们指出随之而来的责任。我有个朋友将这一点延伸到了零花钱方面。他的孩子有权每周得到一笔零花钱，但是，他和妻子跟孩子讲明，他们也要对家庭负责任。这意味着为了让这个家能顺利运转，他们必须要做某些基本的家务，比如饭后收拾厨房、最大限度地保持家的整洁等。如果孩子们逃避这个责任，就拿不到零花钱。

对于获得尊重的权利，也是如此。随着这个权利而来的是尊重他人的责任。如果孩子对你说脏话或大喊大叫，就失去了获得你的尊重的权利。你可以不再听他们讲话（或者至少尝试屏蔽他们的声音），直到他们能尊重你为止。

一旦孩子进入外面的广阔世界，他们就需要明白这些事情。他们不能期望不劳而获。而青春期这几年是让他们了解权利和责任的关系的最佳时机。孩子想要的每样东西都是有条件的：尊重、金钱、独立、自由、地位。事实上，责任本身也伴随着责任。

其实，孩子很喜欢这些方法，因为这说明你在乎他们。当你告诉孩子，如果他们不能负责任地让你知道他们在哪儿、什么时候回来，就不能在外面待到很晚时，他们暗地里会很高兴，因为你在关心他们。不过，他们不会说出来。但是，他们会告诉你何时回家，因为他们意识到，如果不这样，就失去了在外面待到很晚的权利。

所以，帮帮孩子，不要让他们放任自流。每当他们想从你这里得到什么时，就让他们知道你希望他们用什么来回报你。这会让他们明白权利的价值，为他们的将来做准备。而且，这个方法也会让你的日子好过得多。

青春期这几年是让他们了解权利
和责任的关系的最佳时机。

法则

088

对孩子在意的事情表现出尊重

　　我认识一个人，他在青春期时出现了一些心理问题。他以前经常一个人长时间躲在卧室里听音乐，这让他感到特别快乐。后来他开始出现心理问题。即使离开了家，那些问题依然折磨着他。多年以后，他跟我讲了一件有趣的事。他说，对他的自信心打击最大的一件事就是他的父母以前总是无情地抨击他听的音乐很难听。

　　瞧，当你批评青春期的孩子的喜好时，就是在批评他们。这个年龄段的孩子的自我非常脆弱，自尊心很容易受打击，你很容易让孩子感觉你不认可他们，甚至不喜欢他们。不管是他们听的音乐、他们的政治观点、他们的穿衣打扮方式，还是他们所做出的吃素的决定，孩子都需要知道你对他们的这一选择没意见。

　　这是青春期的孩子的众多矛盾点之一。一方面，他们想要叛逆，想让你震惊，想做一些让你生气的事；另一方面，他们又想得到你的认可和你的善意。我知道这让你很困惑，但对他们来说更糟糕。他们被自己的大脑和身体困住了，正努力从一个依赖父母的孩子过渡到一个独立的成年人，而大部分时间他们都不知道自己想要什么。前一分钟他们还想快快长大，下一分钟他们就觉得这特别可怕，又想要慢点长大。你只需接受它，顺其自然。

　　同时，你要对他们喜欢的事情产生兴趣。他们可能不会表现出来，但实际上会认为这很酷。你不必表现过度（事实上，千万不要做得太过，因为没什么比一个四十好几的父亲装作沉迷最新的舞曲更糟糕的了），只需表现出兴趣即可。你不必假装特别喜欢他们爱听的音乐或他们的穿衣风格，但是，也没必要奚落他们。其实，你甚至可能会发现各种各样有趣的新鲜事物。这就是有一个正处于青春期的孩子的种种好处之一：他们即将成人，因此会有一些相当高雅的兴趣，如果你的心胸足够开阔，可以从他们身上学到很多。

我知道这让你很困惑，但对他们来说更糟糕。

法则
089

对性采取健康的态度

　　本条法则谈论的"性"指的是一般意义上的性，尤其是处于青春期的孩子的性生活。他们可能还没这方面的经验（你确定吗），但是早晚会有的。你要确保当他们开始有性生活时，是快乐的、安全的、满足的，而不是偷偷摸摸的、混乱不堪的。

　　最有可能让孩子拥有良好性体验的是什么因素呢？什么事能将孩子的第一次性体验推迟到他们准备好的时候？对，那就是要让孩子对谈论这个话题感到轻松自在。孩子对性了解得越多，越是觉得谈论性很轻松，就越能拒绝诱惑或坚持采取安全措施，或者尊重对方的感受。

　　我几乎可以断定，父母与子女在家里对性（以及酒精、香烟和其他一切诸如此类的东西）的话题讨论越多，孩子就越有信心能在这个时机到来时为自己做出成熟的决定。有些父母宣称自己思想开明，跟自己处于青春期的孩子相处得很好，但这些父母一般也会说，性是最棘手的一个话题，很难轻松地与孩子讨论，一个相当重要的原因是，孩子也反映说他们觉得这个话题很难讨论。但是，你有责任让孩子知道，谈论这件事很正常，是完全可以接受的。

当然，学校会对孩子进行性教育，而且很有可能也会教给他们一些关于艾滋病病毒（HIV）和性病（STD）的基本知识，以及如何采取必要的安全措施。但是，在这种时候，你的孩子会和朋友一直咯咯地笑，而且学校根本不会教他们认识到性是成年人生活的一个正常的部分，与情感有着复杂的关系。你必须自己教他们，别指望学校会教他们这些。

这并不意味着要让孩子坐下来，跟他们正式地谈论性。我的确尝试过跟我的一个孩子正式地讨论这个话题（后来想想，可能谈得实在太晚了），最后我问他，是否有什么想知道的。他回答说："不用了，谢谢，爸爸。不管怎么说，这事跟你那个年代完全不一样了。"我听了很惊讶，也觉得很有意思，但令人郁闷的是，他拒绝进一步深谈这个话题。

与孩子正式谈论性这个话题并没什么不妥，你可以让它成为日常谈话的一部分，顺其自然地谈起来，比如在讨论某部电影、某个新闻或某个朋友的行为的时候。不要一发现孩子在场就匆忙转变话题，要继续谈下去，甚至可以问问他们的看法。只是你一定要提出负责任的观点。我并不是说一定要等到结婚后才可以开始性生活，而是说，如果会扰乱别人的情感，或者让他们的健康有风险，那就不对了。

———————

你一定要提出负责任的观点。

第九章

关于应对危机的法则

　　如果你能让孩子顺利度过童年时代，从不用应对真正的危机，那真是太好了。可是，遗憾的是，能做到这一点的父母寥寥无几。离婚、重病、财务灾难、某个家人去世、在学校遭遇严重霸凌、裁员、房屋被收回，这些都有可能发生在你的家庭中。一般来说，这些情况本身对身为家长的你来说就已是大难题，何况你还要担心孩子。

　　你可能拥有各种绝妙的策略、技巧、家规和原则，这意味着你能应对大多数与孩子有关的日常难题。但是，如果你遭受了上面这些危机的打击，往往会措手不及，那些正常的体系似乎不够用了。而且，你自己可能处于震惊、惊慌或抑郁状态，甚至可能突然要独自面对孩子，这时候你可能就需要一点帮助才能渡过难关。

　　所以，如果发生了最大的不幸，下面这几条压倒一切的法则可以帮助你应对这种局面，并使你安心走上正轨。你会渡过难关的，你的孩子也会从中学到一些东西。他们自己亲身经历了这些，所以在渡过危机后会变得更坚强，也更能理解其他人的问题。

法则

090

不要拿孩子当武器

    这条法则主要适用于正在闹离婚的父母，但是，如果在其他类型的危机中，你们的夫妻关系比较紧张，你也有可能掉进这个陷阱。如果你的情绪比较激烈，他／她的情绪也会很激烈。所以，无论你是深感不安、极度担忧、严重抑郁，还是悲伤难忍，每次一生气，你就很可能会感觉失控。也许一直这样，也许只是有时候会这样，但是，只要生气了，你就会不择手段。

    遗憾的是，你可以使用的最强有力的一个手段便是利用配偶（或前任）对孩子的爱。你也许会限制对方与孩子接触，或是只允许他／她在某些不方便的时候见孩子，或是直到最后一刻才把你的安排告知对方。你甚至会跟孩子说对方的坏话来破坏他们对对方的感情。或者你向孩子暗示，你的幸福取决于他们。

    也许你的配偶曾对你使用过上述手段中的一些或全部。这让你忍不住想以牙还牙，毕竟是对方先开始的，对吧？

    其实，究竟是谁先开始的，这重要吗？不是说对你是否重要，而是说，孩子会在乎是谁先开始的吗？他们在乎的只是什么时候停止。他们知道发生了什么事，至少知道其中一部分。他们知道自己被夹在中间，两头是他们的父母，他们都爱争吵。情况已经够糟糕了，你们还要这样折腾。孩子还不懂该如何应对严重的冲突，但他们会观察你和你的配偶，会学得很快。你确定你希望孩子学到这些吗？

如果你的配偶或前任跟你要这些手段，你很难做到不去用同样的手段去对付他／她。但是，你必须抵制这种行为。

你必须守住道德高地，这一点极其重要。是的，我知道，这很难，但是，你是按法则行事的家长，你能做到。你要用冷静、得体、诚实、正直来回应对方的每一个带有挑衅性的、肮脏的伎俩，要为自己感到骄傲。

我有一个朋友，她恰好是一个法则玩家，她当时跟丈夫的关系闹得非常紧张。一天，她的儿子突然宣布，父亲说可以在他过14岁生日时送他一辆越野摩托车，可是，他们夫妻双方之前已经约定，这件事要等到孩子18岁再说。这显然是一个针对她的伎俩，她的丈夫想靠给儿子买东西来获得他的欢心，拉近自己跟儿子的关系。一气之下，我的朋友真想把自己对他那个不堪的父亲的看法一五一十地告诉她的儿子。不过她极力克制住了自己，什么也没对儿子说，而是跟丈夫私下里交涉。她使出浑身解数，磨破了嘴皮子，总算让丈夫妥协了，答应在儿子16岁生日时再给他买越野摩托车（不过这期间她丈夫可以每个月用一个周末的时间带儿子参加越野摩托赛），从而解决了这个问题。

那么这样做有什么回报？孩子会明白（即使现在还没明白，

有一天也会的），你这样做是为了他们。这会让你和孩子的关系更紧密，而且，最重要的是，比起另一种方法，这会让他们快乐得多。对你来说，这肯定也比耍弄对方所获得那种沾沾自喜的感觉要好受多了，对吧？

究竟是谁先开始的，这重要吗？不是说对你是否重要，而是说，孩子会在乎是谁先开始的吗？

法则
091

让孩子用自己的方式应对

多年以前，当我跟第一任妻子离婚后，我成了单亲父亲。我和孩子们住在租来的房子里，几乎是家徒四壁。一天晚上，我跟儿子聊了起来，当时我们都坐在箱子上，我内心充满愧疚，觉得不该让孩子经历这一切。我对儿子说："很抱歉，伙计。很抱歉让你不得不经历这一切。"你知道他怎么回答的吗？他说："不，爸爸，这样很有意思"

当然，他的意思并不是想让父母分开。我担心的是生活条件太差，而他却觉得可以一辈子野营度假了。我之前以为他会和我有相同的感受，但我大错特错。

也可能会反过来。有时候孩子的感受会比我们深刻。你也许还记得上学时被人叫过绰号，当时你只是一笑置之，但这并不意味着孩子也一定会是这种反应。当你换了新工作、要搬家时，你也许很兴奋，可你十几岁的女儿也许会伤心欲绝。她的情感上的创伤是真实的，必须认真看待。你不能光告诉她要坚强起来，肯定会交到新朋友，再说反正有社交媒体（"我们那时候可没这个"），这些是不够的。

在应对孩子的情感时（特别是当你们处于某种危机中时），你的感受不重要，唯一重要的是他们的感受。你要关注孩子，忘记自己。我有一个密友，她的丈夫因故突然去世。当她把丈夫的死讯告诉孩子们时，他们的悲伤显而易见，但程度不同，可那天之后，孩子们有时候也会大笑、玩耍。她告诉我，看到孩子们高兴的样子，她一开始几乎就像看到他们伤心的样子一样难过。但是，要知道，孩子应对悲伤的方式与大人不同，非要让孩子有跟你一样的反应是没有意义的。

对于生活中的大事，你不要对孩子的应对方式做任何设想，要让他们亲口讲述自己的感受，之后也不要自认为他们需要你所需要的那种帮助。孩子可能想让很多朋友陪着，而你却更希望一个人待着；孩子可能想继续去度假，而你根本无法面对度假的事；孩子可能会取消约定好的派对，而你却想照常进行。如果你有多个子女，他们的感受可能会彼此不同。所有这些都会导致你很难做出选择或很难妥协，而在发生冲突的时候，只有你才能决定是按孩子的方式来还是按你的方式来。关键是要像对待自己或其他人的感受一样，认真对待孩子的感受和应对方式。

你要让他们亲口讲述自己的感受，
之后也不要自认为他们需要你所需要的那种帮助。

法则
092

年纪小不一定恢复快

我常听到一种奇怪的说法：遇事受到打击，孩子比大人更容易从中走出来。我不知道这个说法从何而来，但我可以告诉你，这真是一派胡言。

当然，有些孩子在一些事情上比某些成人更容易走出来。但是，孩子也更有可能在成长过程中重温创伤。毕竟，孩子一直在成长，过去发生的事情的意义也在改变。某个孩子一开始似乎能很好地应对某个家人的去世，但几年后，他可能会感受到巨大的悲痛。父母五年前对孩子说的一些话可能现在还在困扰着他们。或许他们暗地里依然希望父母能复合，所以每当什么事让这种希望似乎更遥远时，他们就会遭受毁灭性打击。

成年人并不完美，但大多数人在大多数时候都能一次性地应对一些事情，渡过难关后就会走出来。那种悲伤或痛苦可能不会彻底消失，但是我们能学会与其共处。对孩子来说，这要难得多。随着他们慢慢长大，过去的事情会在情感上不断折磨他们。 与我们相比，他们可能会更快地从最初的震惊中恢复过来（也可能不会），但是，在如何应对自己的情感方面，他们几乎毫无经验，因此可能需要比我们更长的时间来弄清自己的感受，并知晓该做些什么。

所以，别再听什么"孩子比大人更容易想得开"这些胡话。按法则行事的家长懂得比这多，所以不要让任何人用这种荒谬的陈词滥调来引导你。

孩子需要你的帮助。如果你突然丧失了经济地位，这会对孩子产生重大影响。他们无法在度假、运动鞋、手机、上学的交通工具等方面跟朋友保持相同水平。对有些孩子来说，这可能是毁灭性的。你在预算紧张的情况下苦苦维持生计，而孩子则失去了半数朋友，没了自信、地位、尊严和假期。这需要花时间来恢复，即使你重新获得财务上的稳定。

要让孩子知道，你明白他们的感受和问题可能会与你不同，而且你会重视他们的感受和问题，就像你会重视自己的担忧一样。你不能把他们的预算、相亲相爱的父母、去世的兄弟姐妹或父母、健康或任何已经失去的东西还给他们，但是，你可以让他们知道，你会认真对待他们，而且，你不会期待他们能很快走出来，不会勉强他们。

成年人并不完美，但大多数人在大多数时候都能一次性地应对一些事情，渡过难关后就会走出来。

法则
093

影响可能是终生的

　　孩子最终会度过危机，至少能接受事情的真相。他们会逐渐接受（我们都这样）父母离婚或某个人已去世的事实。如果他们生了病或受了伤，就会学着面对自己失去一条胳膊或腿，或者无法像朋友那样什么都能吃的事实。如果他们不得不跟你一起搬家，也会迟早交到新朋友，并在新学校安顿下来。

　　但这并不意味着一切都已过去。有些危机过去后，你会从头再来，但大多数危机都会让你在某方面发生轻微的变化，有时候变化甚至会很大。孩子可能会接受父亲或母亲去世的事实（像你一样），但在他们的成长过程中，再也没有父母或母亲了。这依然会将他们与别的孩子区分开来，而且会让他们旧创未愈又添新创。学校的每次运动会或颁奖典礼对孩子来说都不再一样，每个圣诞节和家庭聚会也都会让他们觉得少了什么。

　　离婚也是如此。尽管孩子已经接受了你们不再在一起这一事实，甚至可能对你们度过了情感破裂这一阶段感到如释重负，但他们在成年前依然要跟父亲或母亲住在另一所房子里，而且他们会发现，父母之间的交流也不像从前那么顺畅了。假期也变了样。邀请父母来观看学校的演出时，要别别扭扭地做安排以防止双方碰面。而且，孩子还要让自己接受父母的新伴侣，甚至可能要接受继父或继母。

还有一种可能是，孩子得了什么病或受了伤。我认识一个 3 岁的孩子，他在车祸中受了伤，一条腿被截肢了。他看起来很阳光，很勇敢，但是他永远失去了一条腿。这会对他参加活动造成影响（不管是参加不了还是为了证明自己而发奋超过别人，在他长大一些后，这种与众不同还会让他成为被霸凌的对象，或者让他成为做什么都顾虑重重的人）。无论这种影响是积极的还是消极的，他的成长经历都跟正常的、双腿健全的孩子不一样了。

身为父母，你无疑会意识到（往往很痛苦地意识到），危机会给孩子带来长期变化。但是，并不是每个人都能认识到这一点，这可能让你难以接受。有时候你需要指出这种影响或变化（也许有时候你感觉其实不必这么做），有时候你需要给孩子特别的支持以让他们知道你心里明白。重大危机会影响孩子的一生，但请放心，即使情况很糟糕，有些变化也可能是积极的。孩子可能会变得更独立、更有共情能力、更坚强，而这可能是最好的结果。

————————

有些危机过去后，你会从头再来，
但大多数危机都会让你在某方面发生轻微的变化。

法则
094

告诉孩子发生了什么

孩子很天真，这一点不奇怪。特别是年幼的孩子，他们可能不理解，甚至不知道离婚、破产或死亡究竟是怎么一回事。然而，他们却很聪明，能异乎寻常地从周围捕捉到一些游离的情绪。他们知道发生了什么，即使并不知道具体是什么事情。

不管是有人生病、你们夫妻吵架（哪怕你们压低嗓门，或者只在孩子不在家的时候吵），还是你因为钱或工作的事情忧心忡忡，孩子都知道。当然，他们不知道细节（除非你告诉他们），但是，他们总能发现蛛丝马迹。

所以，你该告诉他们发生了什么。否则，他们别无选择，只能自己胡思乱想，而他们想的往往比实际情况要糟糕。青春期的孩子可能会将父母间的争论和一触即发的紧张气氛解读为离婚的前兆（其实你们可能在为钱争吵，但并没想过要因为这个离婚）。他们可能听到风声，得知有人病得很重，并且以为是你，但其实是爷爷或奶奶。这也很糟糕，但在他们看来，这比你病危要好多了。

记住，如果不告诉孩子发生了不好的事情，只会让事情更糟糕。你无法对他们有所隐瞒，所以最好不要尝试。当然，你没必要把细枝末节都告诉他们（如果不合适的话），但是至少要告诉他们大致的情况。

　　你必须判断究竟该告诉他们什么，以及何时告诉他们。你一定要考虑孩子的年龄，2 岁的孩子不可能比 15 岁的孩子懂得多。一般性的指导原则是，告诉孩子最基本的情况，然后回答他们提出的问题。

　　孩子年龄越大，提的问题就可能越多。如果事情的确让他们在情绪上反应很大、很痛苦，那么他们问什么，你就答什么（有些事情他们之所以没问，可能是不想知道）。他们一旦准备好听到答案，就会向你提问了。

　　至于该何时告诉孩子，只要他们注意到发生了什么事情，你就得告诉他们。不要因为不想谈论这个话题就自欺欺人地认为孩子没注意到，要对自己绝对诚实。毕竟，大一点儿的孩子会透露各种线索，比如一些冷嘲热讽的话（"无论发生什么，我总是最后一个知道"），或是一些单刀直入的问题（"没出什么事吧"）。如果他们早晚会知道某个坏消息，要给他们时间去适应，不能到最后一刻才告诉他们真相。

　　我认识的所有优秀的家长都奉行这个原则：不向孩子隐瞒事情，而是给他们知情权，对他们实话实说，简单地告诉他们发生了什么。当然，这取决于你，你也可以选择尝试着不让孩子的生活受影响，但这很难，因为他们最终会知道真相，到那时候就更难应对，因为他们会遭受突如其来的打击；相反，要是早一些知道，他们还能有时间去适应。孩子是家庭中的一员，任何影响到家庭的事情都会影响他们。所以，我要说的是，他们有权知道。

如果不告诉孩子发生了不好的事情，
只会让事情更糟糕。

法则

095

教孩子成功应对失败

　　没人喜欢失败，但对孩子来说，失败对他们的影响远超我们的预期。有些孩子甚至会因为害怕考试不及格而自杀，这太让人难过了，而我们成年人则知道，考试不及格其实并没那么可怕。孩子早晚会在某件事上失败，这是不可避免的。也许他们在学业考试中表现出色，却考不过驾照考试，或是进不了足球队，或是因为唱歌跑调（我也这样）而无法加入伙伴的乐队。

　　正如我所说的，大人也许能看明白，这并不是世界末日。但是这条法则之所以被归入"危机"这一部分，正是因为在孩子看来，这很可能是个危机。如果他们在中考会考中所有科目都不及格，那么这对你来说也可能是个危机。但是，就算你因为他们没能进橄榄球队而暗中松了一口气，并且想帮他们应对这一失利的话，还是要从他们的角度来看待这件事。

　　如果你对孩子说这没那么重要，可以再试一次，他们在别的方面还可以做得很好……就等于告诉他们，他们不该这么难过，他们的感受是错的。轻视孩子的感受会让他们感到受伤、孤立无援。这并不会让他们认为："哦，是啊，我真笨。毕竟这并不重要。"

那么，该怎么办？告诉他们感到崩溃是对的，这真的是世界末日？不完全是这样，但差不多。你要允许他们难受，告诉他们，你看得出他们一定很崩溃，而且你并不吃惊他们会有这种感受。要同情他们，理解他们。你可以抱抱他们，给他们倒杯茶。如果有巧克力饼干，也给他们递一块。也许你可以准备他们最喜欢吃的晚餐，让他们知道你在想着他们。一旦你允许他们难过一会儿，他们就能准备好从绝望的沼泽中重新爬出来。当他们往外爬时，你可以拉他们一把，告诉他们这不是坏事（不过不要操之过急，要按他们的节奏来）。

如果 5 岁的孩子在学前班运动会上没能拿第一名，或者 18 岁的孩子没考上理想的大学，只要他们觉得这是危机，你就必须这样做。

轻视孩子的感受会让他们感到受伤、孤立无援。

法则
096

不争不抢更重要

对孩子来说，父母离婚可能是最常发生的重大危机，至少在西方国家是这样，而这条法则就是为闹离婚（或是等同于闹离婚，如果你们实际上并未结婚的话）的家长专门制定的。人们很容易认为，离婚是两个人的事，即曾经在一起的两个人后来分开了。当然，你知道孩子也受到了影响，但他们似乎只是在核心事件外受到了次一级的波及。

更现实的看法是，离婚是整个家庭的事，孩子和其他人一样，也处于核心位置。他们可能不是做决定的人，但是也同样会被卷入其中。再者，不管离婚有多糟糕，大多数父母还是会选择离婚，因为这至少比在一起好。然而，在孩子看来，父母离婚可能没有任何好处。这很可能看起来是最糟糕的选择。

因此，对于左右为难的无助的孩子，要让他们尽可能地承受得住父母离婚的打击。你能为他们做的最重要的事情就是尽可能同意配偶提出的条件。无论是在讨论哪样东西该归谁、怎么处理房子、孩子由谁监护还是别的什么，都要尽最大努力与配偶达成一致。这意味着，即便你明知道对你不公平，也要接受。

你可能想让前任赔得精光：争夺他 / 她的每一分钱、要求将房子归你、要求提高其收入中你应得的那部分……，这些想法完全合理，但实际上，这些都没有与前任一起商量出一个友好可行的解决方案、让孩子重建自己的生活重要。

这真的很难，尤其是当你感觉（也许这种感觉理所当然）受到了前任的残酷虐待和沉重打击的时候。

我知道正义和复仇的感觉很美妙，但是这肯定不值得以孩子为代价，对吧？当然不值得。这件事可以将按法则行事的父母和不按法则行事的父母真正区分开来。你在做任何轻率的事、说任何冲动的话之前，先停下来，想想这对孩子是否真的有好处。如果你不能诚实地回答"是"，就不要这样做。

正义和复仇的感觉很美妙，
但是这肯定不值得以孩子为代价，对吧？

法则
097

行胜于言

本条法则不仅适用于应对危机，而且在危机发生的时刻更能凸显其重要性。有人说孩子从不会听大人的话，这个说法并不对。不过，孩子的确不太注意你说了什么，而是注意你的行为方式。孩子很容易看出你是否虚伪，他们最忍受不了这个。他们会根据你的行为来评判你。

我指的不仅仅是一些负面的言语和行为。我来举个例子。假设你反复跟孩子讲，难过时要将情绪发泄出来，好好哭一场，这是件好事。但是，当你们遭受相同的创伤时，如果孩子见你从不哭泣，就会认为你言行不一，因此很难会去听你的话。如果哭并没什么不好（当然是这样），那就哭给孩子看。让他们看到你泪流满面的样子，也让他们看到你并不感到尴尬。

我有一对朋友，几年前，丈夫失业了，他们的日子很艰难。他们一直告诉两个十几岁的孩子，比别人钱少没什么丢人的，不要因为买不起朋友们拥有的一些东西而感到难受。有一次，这家人和几个很富有的朋友一起吃午饭，这两口子把车停在了角落里，这样，请客的朋友就不会看到他们开的是一辆破车。我可以向你保证，那两个十几岁的孩子一眼就看出了父母的虚伪。我知道这事，因为就是他们告诉我这件事的。

这证明了那句经典的育儿老话："按我说的做，不要按我做的做。"千万不能跟孩子这么说。如果你自己能做到，那就去做。如果你做不到，为什么指望孩子能做到呢？

孩子会观察你，看你如何应对困境，他们会把这个当成一个信号。你可能会嫉妒、愤怒、失控、羞愧或干脆放弃，无论你有什么表现，孩子长大后都会认为这是可以接受的，哪怕你平时教育他们的完全与这些相反。反过来，如果你表现得有尊严、正直、仁爱、体贴、勇敢，这对他们的影响比你说的任何话都要大。

孩子会观察你，看你如何应对困境，
他们会把这个当成一个信号。

法则

098

一定要让孩子知道他们处于第一位

你知道把孩子放在第一位，这毫无疑问，但他们知道吗？爱他们、给他们以关注，这在大多数时候并不难，不过，如果你的心思和情感都在放别的事情上，就很难做到这些。你在愁苦不已、面临沉重的压力和巨大的悲痛时，很容易忘记将孩子放在第一位。

在那些最黑暗的时刻，你对孩子的关注和耐心都面临挑战。你突然很难找出时间来给他们讲睡前故事或抱抱他们，更不要说带他们去购物，或者跟他们一起练足球。在最艰难的时候，孩子不能像平时那样跟你亲密了。也许跟平时相比，你的压力更大，情绪更容易波动，因此会对孩子更没耐心，给孩子的时间和关注也更少。

我知道，对于这种情况，你也无力改变什么。生活中的一些事情的确会占据你的全部时间，让你变得脾气暴躁。如果你的房子被收回、母亲得了绝症、将被老板炒鱿鱼或孩子进了医院，你当然不可能像平时那样开开心心的。没人指望你会这样。

有些危机很快就会过去，而有些则可能持续几个星期、几个月甚至几年。往往照顾自己就够你忙的。但是，把孩子放在第一位可能对你也有莫大好处，它能让你分散注意力，不再沉浸在悲伤中不可自拔，也给了你咬牙挺下去的理由。

事实上，要想确保孩子知道你把他们放在第一位，最好的办法就是一定要真心地去做。如果你自怜自艾，总是想着自己，孩子是能看出来的。不管你有多么充足的理由，孩子凭直觉就知道，你把自己放在了他们前面。如果这不是你想要的，你希望他们知道你把他们放在第一位，就要行动起来，孩子多少会明白的。他们可能会时不时地抱怨说，你不像以前那样做这个或做那个，但是在内心深处，他们知道自己依然处于第一位。

必须要这样。你一直沉溺在痛苦中，只是偶尔才提醒自己"一定要把孩子放在第一位"，是毫无益处的。但是，如果你做的每个决定都把孩子放在第一位，你能确保他们的需要大多数时候都能得到满足，哪怕这对你很难，那么孩子凭直觉就会知道你有多爱他们，他们因此也就更加自信。

———————

如果你自怜自艾，总是想着自己，孩子是能看出来的。

法则
099

你不可能搞定一切

你不可能搞定一切，这真是个难题。父母最希望自己的孩子一切顺利。如果他们伤害了自己，你就亲吻他们，让他们好起来；如果他们遇到麻烦，你帮助他们解决；如果他们伤心，你就拥抱他们；如果有人对他们不好，你就会干预。

但有时我们的孩子必须面对真正的大事情，我们无法为他们解决。而无力帮助他们的感觉是很可怕的。生活中没有什么事情比看着孩子受苦却无法消除他们的痛苦更糟糕。但这会发生。当有人去世时，无论你的孩子多么想念、爱戴他们，你都不能让逝者回来。有时你的孩子病得很重，你却束手无策。孩子的父亲或母亲（你的伴侣）离开了，无法陪伴在孩子身边。

这是孩子要学习的重要一课：世事难料，有时任何人都无能为力。当孩子特别小的时候，学习这一课很难，他们必须要忍受痛苦。亲眼看着他们上这一课可能会令人心碎，但他们必须要上这一课，这是迟早的事。生活会在某一时刻教给他们这一课，你无法决定这一时刻。你所能做的就是安慰他们，但无法不让他们难过。

所以本条法则讲的是要接受自己的无能为力。这不一定是你的错，也没有人可以比你做得更好。这只是一种无奈。不要自责，因为这对你不公平。生活对你来说已经够难了。你可能自己也在经历同样的痛苦，还要看着孩子受苦，你真的不需要再承受更多的苦难。只要给自己一个拥抱和一点同情。

记住，孩子并不期望你创造奇迹，因为他们知道你无能为力。你现在能为他们做的就是给他们爱，还有很多大大的拥抱。那就这么做吧！这样做可能会让你们都好受一点。

———————

这只是一种无奈。

第十章

关于成年子女的法则

当父母没有退休一说，这是一个终身职业，而且没有退休金。就算你 100 岁了，你的孩子依然是你的孩子。如果你能胜任这份工作（你当然行），他们成年后还会需要你的认可和支持。

不过，他们可不想被你当成孩子来对待，即便在你眼里他们依然是孩子。所以，你得想办法让自己与孩子建立成年人之间的关系，这样你依然还有当他们的父母的机会。这个平衡不好把握，但我认识很多父母，他们在这方面做得都很出色，所以你也能做到。

下面是我这些年来总结出来的一些有效的法则，有了它们，无论你的孩子是 4 岁、14 岁，还是 40 岁，你都一直会是一个优秀的家长。

法则
100

退　后

你花了 18 年把孩子养成你希望看到的样子。我并不是指你把他们培养成了顶级律师、医生、足球运动员或其他领域的人才。我指的是你用了 18 年教给他们过上幸福生活所需要的一切。

现在，时间到了。你已经忙碌了 18 年，现在该退居幕后了。如果他们到现在还没学会过上幸福生活，那就太迟了。从现在开始，一切取决于他们，你不能再干涉。如果你看到他们在做什么你不愿看到的事，这会让你很难面对，但你之前就该想到这点。你错过了机会，伙计。

如今你只剩下一件事可以教他们，那就是自立，不能再依靠你。唯一能教他们做到这一点的方法便是退后。如果你不给他们机会去实践你之前教给他们的一切，过去的 18 年就全浪费了。如果你不让他们亲身实践，那么教他们要独立、要自己思考、要自己做决定还有什么意义呢？

而且，你知道吗，但凡你能领悟这一半的法则（我觉得你能），他们也会干得很出色。如果你还是继续干涉他们，就等于在说：“我没做好本职工作，你还需要帮助。”

再者，我们都知道父母继续干涉孩子的生活会导致什么后果。好的后果一定就是孩子对你唯命是从，最坏的后果就是毁了孩子的生活。这会让你无法与孩子建立良好的成年人之间的关系。每当你干涉孩子的事情，就是在告诉他们，他们没能力过好自己的生活。这对他们的自信心没任何好处。孩子也许不能很好地过上你期望的那种生活，但如果你是个像样的、按法则形式的家长，就该知道孩子需要过自己的生活。

当然，一个人即使到了18岁，也依然不能停止学习。我想你的孩子还有很多要学的（也许你要学的也很多），否则他们的生活就太无聊了。但是，现在他们必须从别处学习。我也不知道孩子该从哪里学，这得由他们来决定（这是关键）。他们可以自己选择学什么，怎么学，从哪里学，以及跟谁学。

从现在起，你就得从他们的生活中退到幕后。事实上，你要远远地退居幕后，让他们甚至都注意不到，这是你现在唯一的任务。

————————

如果他们到现在还没学会过上幸福生活，那就太迟了。

法则
101

|

等孩子向你征求意见时再开口

　　读了上一条法则[⊖]，你可能在想，如果孩子来找你寻求意见，你该怎么做呢？你可以给他们意见。

　　这也太容易了，好像不值得成为一条法则来讲，对吧？事实并非如此。在给已成年的孩子（想一想，对别人也适用）提建议这件事上，父母要注意两点：

- 除非孩子来问你，否则千万不要主动给他们提建议。
- 只就孩子征求意见的事给出建议。

　　如果孩子让你给出建议，那就只是询问建议，而不是邀请你给他们指示、指令、命令，也没有要你给出观点、做出评判或做其他任何事情。他们只是在征求你的意见，就这么简单。但即使是在这时候，你也要小心翼翼地应对。

　　⊖　如果你不是按顺序读到这条法则的话，请在读这条法则之前，翻回去读一下法则 100。

咱们来试着做个小练习。假设你的孩子就是否该接受某一份工作征求你的意见，你可以有很多回应方式，下面是其中的一些：

- "无所谓。反正 3 个月以后你就不干了，你干什么事都这样。"
- "你要是不接受这个工作就是个傻瓜。"
- "我真是搞不懂，你怎么会想干清洗地毯这种事。"
- "嗯，至少他们不会介意你戴着鼻环和舌钉去上班。"

我不会告诉你这些回应方式都不合适，这会侮辱你的智商。事实就是，你要做的只有一样，那就是给孩子建议。其实要想既给出意见又不说得特别出格，最好的方法就是问问题，比如："你为什么中意这份工作""有什么升职前景吗""你对通勤时间长有什么想法"。换句话说，你是在帮助孩子找到自己的答案并做出自己的决定。

就这些建议，别再多了。孩子不一定接受你的建议。所以，如果孩子最终决定跟你背道而驰，要记住，这是他们的特权。这并不代表你的建议没能帮他们做出最终决定，所以不要烦恼，也不要难过。你帮上孩子忙了，要高兴。

你是在帮助孩子找到自己的答案并做出自己的决定。

法则
102

把孩子当成大人来对待

如果你想和孩子建立成人之间的关系，就得把他们当成大人来看待。是的，我知道这听起来像是废话，但是做起来其实相当难。多年以来，你一直在向孩子下达指令，一直在不管不顾地给出自己的意见和建议，一直在管教他们，这已经成为你们之间的天然互动模式，所以你很难保持沉默，直到掌握了诀窍。

当然，你越是在孩子十几岁的时候早点放手，孩子长大后你就越容易把他们当成大人看待。但即便如此，这个过渡也很不容易。没人指望你能立刻改变想法，重要的是，你要知道自己希望做到哪一步，并且在做到这一步之前不能放松下来。要训练自己不对孩子的事情指手画脚，或者不让孩子知道你对他们的着装品位、女朋友或其他什么事情不满。

要想把孩子当成大人看待，先要停止你之前对他们所做的一切，无论是提醒孩子要注意行为举止，还是跟孩子回忆他们 6 岁时多可爱（他们实在不想再听到这种让人难堪的故事了）。

另外，你得着手做一些事情。跟孩子谈那些你跟朋友会谈的事情，而且交谈时必须忽略你们之间的代沟，这意味着在谈气候变化、英超联赛、下一届选举或是否将韭菜移植到地里这些话题时要重视孩子的观点，就像重视朋友的观点那样。

多征求孩子的意见。在很多事情上，孩子肯定比你懂得多，如修车、时尚、摄影、绗缝、铁路模型、观鸟、制陶（不知道你对哪个有兴趣）。当然，还有科技，不过我估计这么多年来你没少在这方面征求他们的建议。

时间长了，这就会成为你的习惯，但一开始你得有意识地这样做。你压根也不会想到当你询问孩子的看法、把他们当成大人来对待时他们有多骄傲（除非你的父母也这样对你，如果是这样，你就知道这有多重要了）。

———————

时间长了，这就会成为你的习惯，
但一开始你得有意识地这样做。

法则

103

别想着做孩子的好朋友

很多在其他方面做得很出色的父母都会犯这个错误。它太有诱惑力了。毕竟，你比谁都爱孩子（也许伴侣除外，而他们已经是你最好的伙伴了），所以，你当然希望孩子能成为你最好的朋友。

不过，孩子并不想让你当他们最好的朋友。他们可能并没意识到这一点，但事实就是这样的。我有个朋友，她曾自豪地对我说，她是女儿最好的朋友。的确如此。而且她并不只是在嘴上说说，她对待女儿就像对待自己的闺蜜一样，女儿对她也如此。她觉得这特别美好，可我却为她的女儿感到难过。她的几个女儿各自都有很多好朋友，不需要再多下去了。更何况她们还拥有彼此。她们真正需要的是一位母亲，这个职位只有一个候选人，可她正忙着做她们的好朋友。

这两者有什么不同呢？你跟好朋友是平等的，你会跟他／她分享一切，会把所有的担忧、恐惧和隐秘的想法都告诉他／她。

你的好朋友对你也一样。而父母则是你敬仰的人（并不是高高在上，而是更成熟、可靠）。他们能保护你、照顾你，哪怕你巴不得他们不这样做。在日常生活中，你可以和父母一起做一些开心的事情，相互陪伴，但你不会把什么都告诉父母，也不想让他们把什么都讲给你听。

如果你不知道孩子将来能干什么，感到特别焦虑，该怎么办？你会跟孩子说这一切吗？不，你会告诉你的好朋友。假设你是个单亲父亲／母亲，或者再婚了，你会跟孩子讲其中的细节吗，就像会告诉好朋友那样？如果孩子卷入了什么不好的事，你会跟他们提一些会向好朋友提的建议吗？孩子渐渐长大后，你会跟他们交心，说自己多孤独、多担心钱不够花吗？

在上述情形下，唯一能当孩子好朋友的方式便是对他们撒谎，或是对他们进行情感勒索。如果你告诉孩子你多么孤独，任何一个有爱心的孩子都会觉得应该多陪陪你，这样一来，当他们在内心挣扎要不要这样做时，就会产生负疚感。你也不想让孩子有这么大的精神负担吧，哪怕他们愿意承受这种负担。而且，如果你对孩子撒谎，或是对他们进行情感勒索，当他们需要安慰、想找个能让他们依靠着哭泣的肩膀、想听几句睿智的话、想找个人依靠时，怎么会来找你呢？你已经失去了孩子对你的全部信任（在他们需要这样一位家长的时候）。

我并不是说父母不能跟成年的孩子建立非常亲密的关系。其实我很希望你们能亲密无间，能有相似的兴趣爱好和默契的幽默感，能长时间陪伴彼此，我也希望你们对彼此的爱甚至能超过对好朋友的爱。但是，这两种感情不一样。

孩子长大后必须跟你分离，这是他们的任务。如果你还想把他们拴在身边，就对他们不公平，即便你是利用友谊来实现这一点的。而且，你知道吗，父母与成年的孩子之间的良好关系是一件特别美好的事，无论何时，这都比有十几个好朋友还要值得。所以，为什么要交换过来？

———————

孩子长大后必须跟你分离，这是他们的任务。

法则
104

要无条件地鼓励孩子

　　我的大女儿高中毕业后上了大学。她选择就读的学校在曼彻斯特，我记得和她一起去参观过这所大学，当时我希望她不要选择这里，可她最终还是选择了。我们住在乡下，而她要去大城市求学，这样我们根本不可能时刻见面。不过我没跟她说这个，只是尽我所能鼓励她，让她做她认为是最好的事情。我很高兴自己这样做了，因为我之前想得大错特错，她在大学里过得特别开心。

　　孩子要做很多选择——从干什么工作、跟谁成家到如何养育自己的孩子，你不可能蠢到认为他们做的每个选择都是明智的。但孩子现在已经是成年人了，他们做出正确选择的可能性和你一样大，甚至更大，因为他们比你更了解自己。我刚刚讲述的那个例子就很好地证明了为什么做父母的要把意见埋在心里，要无条件地鼓励孩子，因为如果事实证明你错了，你就会显得非常愚蠢。

　　当然，有时候你是对的。但是，如果孩子做了某个糟糕的选择，那就更有理由寻求你的鼓励和支持。毕竟，如果你遵循法则

100 和法则 101，就不会告诉孩子你不同意他们的选择。所以，你还不如支持他们。关键是，正如我们已经明确的那样，这是孩子自己的生活、自己的选择，你要么支持孩子的决定，要么破坏它。

之所以让你支持孩子，还有一个很好的理由：如果一切都错了，你不会忍不住说出"我早就告诉过你"（要知道，这是父母能对孩子所说的最可怕的话，在任何情况下都是不可原谅的）。

有些孩子如果知道父母不支持他们的选择，会极其难过；有些孩子如果感觉父母给了他们一丝一毫的压力，就会叛逆，专门跟父母对着干。就算你的孩子并不像这样走极端，他们也需要知道你站在他们这一边，即使他们已经成年并离开了家。这就是为什么仅采取中立的态度是不够的，你还得积极支持他们。

如果你真的认为孩子错了，该怎么办？没关系。有时候孩子可以出错。要知道，你并不是在鼓励孩子做错事，而是在鼓励他们做自己认为是最好的事情，无论对错。

如果一切都错了，你不会忍不住说出
"我早就告诉过你"。

法则
105

你不能替孩子选择爱谁

　　如果你很幸运，你的孩子会选择一个出色的、有魅力的伴侣，你和他/她会相处得非常好，你会很高兴他/她能加入你们的大家庭。不过不要对此抱希望。如果孩子真的找到一个非常棒的伴侣，根据墨菲定律，他们很可能会分手。

　　如果你有多位子女，至少其中一个子女会选择将自己的命运跟一个你不太喜欢的人的命运连在一起，发生这种情况的概率很大。也许你只是觉得他/她有点难搞，或者稍微有点让人厌烦；也许你的确跟他/她合不来，相处起来很费力气。

　　是的，这种情况的确很难应对。但是，如果你信任孩子，就要相信他们会为自己选择最佳伴侣。孩子不是为了你而选择另一半，也不应该这样做。要想获得幸福，他们最好不要讨好父母，让自己做决定时束手束脚。所以，你要把自己的意见埋在心里，要支持孩子，哪怕你觉得很难接受这个新的家庭成员，比如对方比你的孩子大、离过婚或有孩子，你不赞成自己的孩子与他们结合，担心这样的结合会产生什么不好的后果。

有一点我可以向你保证，如果你或明确或隐晦地向孩子表示，你对他们选择的伴侣不满意，那就会让事情变得更糟，无论是对你自己，还是对你周围的每个人。你可能会发现，孩子越来越疏远你了，因为跟你待在一起让他们觉得很不自在。而且，即使你这样做，也改变不了什么。

如果你的孩子有点理性，就一定会自己掌控与伴侣的关系，不会受你的意见左右。我甚至听说有的人为了（或至少部分为了）证明父母是错的，会艰难地维持一段关系，哪怕这段关系已经不美好了。所以，你对孩子伴侣的不满并不会将他们分开，只会让孩子不开心。

这是你想要的吗？就算他们真的分手了，孩子肯定会怪你。所以，你别无选择，只有微笑，并闭上嘴。

不过，也有好消息。有一个办法可以缓解你的所有问题，即使你无法根除它们。这个办法可以确保你和孩子以及孩子的伴侣的关系尽可能地令你们感到舒适，可以让你和孩子保持亲密无间的关系。你可能已经猜出来这是什么办法。

对，那就是尽可能地对孩子的伴侣热情、友好，让他们感觉自己是大家庭的一部分。多关注他们身上那些让你喜欢的地方（肯定有你喜欢的地方），尽量不要死盯着那些你不喜欢或担心的地方不放。找一找，看他们是怎么让你的孩子快乐的。好吧，他们可能有时会惹你生气，可是你的孩子、配偶、父母也会惹你生气。而且，我敢说，你有时也会惹他们生气。但你们不能因为这个就不喜欢彼此。如果你表现得很积极，想法也很积极，你的感受就一定会更好。

————————

如果你信任孩子，
就要相信他们会为自己选择最佳伴侣。

法则

106

去掉附加条件

　　我有个朋友，家里很有钱，帮她用低息抵押贷款买了一幢房子。最近她做了个决定，想要卖掉房子出国生活，在瑞士的某个地方买房。她家人告诉她，如果她卖掉现在的房子，他们就会收回贷款，因为他们不赞成她的决定。不过，如果她搬到一个他们认可的地方，他们就会允许她继续用抵押贷款。

　　不要这样对孩子。这像是在施舍，你在控制孩子。你要么信任孩子，放心地把钱给他们，要么就不信任他们。如果你信任他们，那就退后，让孩子自力更生；如果你不信任他们，就让他们拿着这笔钱，做自己想做的事。但是，无论如何你都不应该通过赠送孩子有附加条件的礼物（无论是钱还是别的什么）来控制他们的生活。

　　可悲的是，我认识一些父母，他们会用各种各样的手段来控制孩子的生活，钱只是其中最常见的一种（另外一个手段在法则107中会谈到，估计你已经等不及了）。他们会给孙辈付学费，但是必须要上他们选择的学校，或者赞助孙辈买房或买车，但前提是所做的决定要经过他们的认可。

还有些人把钱给了孩子，但又对孩子说："早知道你用这笔钱去大手大脚地度假，我就不会给你了。"千万不能这样对孩子。的确不能对孩子放任不管，但也不能告诉他们，你认为他们不能管理好自己的生活。如果他们真的管理不好自己的生活，那也是你的错。在过去的 18 年里，你教给了他们什么呢？

抱歉，我有点激动。我相信你是一个按法则行事的家长，不会做这样的事情。不过，我还是想举两个朋友的例子，他们手里都有一点钱，都给孙辈设立了信托基金。但这两个例子又截然相反。带"附加条件"的版本是这样的：祖辈设立了信托基金，自己是受托人，一旦孙辈年满 18 岁，祖辈就可以决定他们是否可以用这笔钱来买车、游学、读大学、买房。孩子的父母完全被排除在外，有时他们并不同意祖辈的选择，但也无力改变。

另一个朋友也为孙辈设立了信托基金，但在设立前会先征询自己子女的意见，然后遵从子女的心愿，让子女成为受托人（而不是他们自己），这样一旦设立了基金，他就对这笔基金没有任何法律上的权利，也无法控制它。他也不会要求或规定子女如何、何时向孙辈发放这笔基金。这是无条件的，是我所说的按法则育儿的上上策。

———————

这像是在施舍，你在控制孩子。

法则
107

不要对孩子进行道德绑架

内疚感是有些父母用来控制孩子的另一个手段。这些父母真的很会掩饰，但孩子很敏感，所以就连最含蓄的道德绑架都会起作用。

最常见的道德绑架就是让孩子觉得对父母的关注不够。诸如"你姐姐每周都打电话过来"或"我知道你周末总是很忙，真希望我也能这么说"之类的说法都是为了让孩子对未能花更多时间陪伴父母感到愧疚。这些父母甚至会说："哦，你一走我就觉得待在家里好孤单。"

听着，孩子不欠你什么，虽然你在孩子生命中的前18年付出了血汗和泪水，但他们没有要求来到世上，既然你选择了要孩子，就要对他们负责。你欠孩子很多，但孩子欠你的为零。所以，永远不要让孩子觉得欠你什么（时间、关注度、钱或其他任何东西），绝对不可以。

当然，如果你是一个按法则行事的好家长，孩子会愿意为你付出一切。孩子其实并不欠你什么，所以当他们甘愿为你付出时，就显得尤为珍贵。懂事的孩子会在你年老时照顾你，因为这是你应得的，他们爱你。而有些孩子则是出于内疚感才照顾自己的父母，其实并不享受这一过程，而且还因为这个怨恨父母，这当然不是你想要的。你想要的是孩子心甘情愿地为你付出时间，投入精力，因为你值得他们这样对待你。如果你对他们进行道德绑架，是永远得不到这些的。

你肯定听到过朋友说这样的话："这个周末我得去看我爸爸。我都已经一个月没去看他了。"或者"今天晚上我很忙，我妈妈每周三都会打电话过来，我至少要花两小时才能让她挂电话。"你甚至可能自己也说过这类话。不过，你可不希望孩子跟别人这样谈起你。

你希望他们说："不行，这个周末我真的想去看看我的父母""我都好几个星期没跟我母亲好好聊聊了，好想跟她聊天。"所以，千万不要让孩子产生内疚感。也许出于内疚，他们会为你做很多，但如果没有内疚感。他们会为你做得更多，而且他们很享受这个过程。

其实，你能给孩子的最好的礼物便是独立。不是孩子的独立，而是你的独立。如果你能在情感、社交和财务上独立，就能让孩子摆脱所有的内疚感。这样一来，他们为你做的一切都是出自爱。

———————

孩子不欠你什么。

法则
108

记住，孩子依然需要你

孩子逐渐长大，也会逐渐远离你（因为你把他们养育得很成功）。但他们还会时不时地需要你的帮助。当然，他们可能需要你给予财务上的支持，尤其是刚独立的最初几年；也可能需要你的建议；也可能想让你帮忙照看孩子，或者在他们去度假时帮他们照顾宠物、打理一下花园；也可能在买房、写简历或买车时需要在这些方面更有经验的人给他们一些意见。

而且他们还需要你在很多无形的东西上给予支持，比如依然想得到你的认可，或想让你看看他们的新房子，或探望他们刚出生的孩子，或看看他们刚改装好的露营车。虽然他们可能也想跟朋友分享这些，但不一样。他们小时候总是把自己画的画、堆的沙堡或新衣服拿给你看，现在也一样，只是成果更大。孩子需要你的肯定（不过，你可不能揭露他们，他们也不会让你承认）。

当然，他们还会需要你为他们做一些真正的大事，比如：提前分娩了，需要你来救急；离婚的前前后后需要你的支持；孩子得了重病，需要你来帮忙；房子被淹了，要找个落脚点。在这种时候，他们需要有人能为他们放下手中的一切。如果你是一位按法则行事的家长，孩子知道，发生最坏的情况时，你会陪在他们身边，而且无怨无悔（也不会对他们进行道德绑架）。

罗伯特·弗罗斯特（Robert Frost）说过："家是当你不得不回去时，可以容纳你的地方。"而这正是你要为孩子做的（多一点热情）。好的父母会让自己成为孩子的坚强后盾，会为能在孩子陷入危机时帮助他们感到骄傲，不会抱怨自己的生活被打扰了。

随着孩子年龄的增长，他们看望你的时候会越来越少。也许孩子几年甚至几十年都不会对你提什么重大要求，但是，不要傻乎乎地以为他们不再需要你了。他们还需要你，永远都需要你，只是这一点永远也别让他们知道。

"家是当你不得不回去时，可以容纳你的地方。"

法则
109

这不是你的错

有些人的生活过得很轻松，有些人却过得很累。有时之所以很累，是有明显的原因的，而有时候则毫无原因，但是这往往与他们的成长方式有关系。

我认识一些人（毫无疑问你也认识这样一些人），他们的原生家庭很糟糕。被虐待、被忽视、有悲惨经历，凡是你说得出的，都会发生在他们身上。他们当中有很多人都不可避免地被这种家庭给毁了，但也有不少人挺了过来，并因此变得更坚强。我认识一个人，他没有手（他十七八岁时因生病而截肢），而他是我所能见到的最阳光、心态最平衡的人。我还认识一些人，他们的童年很悲惨，但长大后却变得理性而快乐。我知道，在那些不正常的家庭中，有些孩子长大后出现问题，而有些孩子则几乎没受什么伤害。反之，我也认识一些人，他们的原生家庭很好，长大后却酗酒或患有精神疾病。

不得不承认，在我认识的有问题的人中，更多的来自不正常的原生家庭，但也有很多来自优秀的家庭，有优秀的父母。父母只是造成成年人的问题的一个原因。你的孩子之所以出现问题，还有各种各样其他原因，包括外部原因和内部原因，而这些你都无法控制。

如果你认为自己作为一个按法则行事的家长，已经尽了本分（记住，你不需要做到完美），那么以后孩子出了什么问题，就不是你的错了。如果你的孩子患有抑郁症，或者不能长期维持一段关系，或者酗酒，或者在35岁时还没有工作，就不要责备自己。这不是你的错。当孩子还是个小宝宝时，如果你让他们在外面淋一整夜的雨，那你得负责；可是，如果他们30岁时还游手好闲，那就不是你的责任了。

甚至可能会有一天，你觉得别无选择，只能将孩子拒之门外。有种流行的说法叫"严厉的爱"。当然，有时候这是你唯一的选择。关键是，孩子知道你只是在等待重新开门的机会，你一旦对他们有信心，就会这样做。如果你的孩子真的在渡过难关，你可能是这个世界上唯一一个还愿意给他们开门的人。可能所有朋友都抛弃了他们，但你还在那里，还在等待，还在用行动告诉他们，有人会永远爱他们，永远站在他们这一边。

内疚是一种自私的、自我放纵的情绪，要想帮助自己和孩子，最好的办法是不要耽溺于"一切可能都是你的错"的想法，而是要接受错不在你这一事实，并将重心放在支持孩子身上。你要忘记过去，专注于现在。是的，即使你在深夜两点因为担心孩子而睡不着觉，也不要让自己陷入自责。我知道这很难，但内疚对你毫无益处。而且，其实你之所以内疚，可能并不是因为觉得都是自己的错，而是因为害怕这可能是你的错。身为家长，你有一半做得还不错，这就不是你的错。正如育儿专家史蒂夫·比达尔夫（Steve Biddulph）所说："你的任务只是照顾他们，直到他们能够自助。"

──────────

内疚是一种自私的、自我放纵的情绪。

法则
110

一旦为人父母，则终生为人父母

　　本条法则讲的是做父母永无止境。作为一名按法则行事的家长，你与一个优秀的孩子建立了最不可思议的关系。这种关系不同于任何其他关系，它会给你们双方带来一辈子的快乐和安慰。这就是对你所有这些年的辛苦的回报——那些臭烘烘的尿布、争吵、混乱、青春期的叛逆、无眠之夜等。我向你保证，你的心血绝对没有白费。

　　你会突然发现，已经长大成人的孩子想与你共度时光，他们很享受你的陪伴，也想听听你的意见。正如我们所看到的那样，他们暗地里依然还想得到你的认可，尽管不希望你主动给他们提建议。不过这没什么问题，因为无论如何，你都会对他们管理自己生活的方式钦佩不已。我认识的所有优秀的父母都会谈论成年子女身上那些让他们钦佩的品质，并说他们多么希望自己在那个年龄时也能那么自信、有条理、沉着、思路清晰，而且在这样说时，他们丝毫不带任何嫉妒或艳羡。他们是按法则行事的家长，语气中只有自豪。

你终于来到这一阶段，看到孩子是多么神奇、多么了不起、多么优秀，此时不要忘了给自己一些掌声。如果没有你，他们不可能成为这样的人。

做一个按法则行事的家长的快乐之一便是孩子会永远爱你，你一直都知道这一点，毫不怀疑。如果你最终不可避免地需要依靠别人时，你的孩子就在那里，等着回报这些年来你给他们的爱。并不是因为他们必须这样做，也不是因为他们欠你的，或是因为你要求他们这样做，或是因为他们觉得自己应该这样做，只是因为他们想要这样做。

你的孩子会永远爱你，你一直都知道这一点，毫不怀疑。

第十一章

附加法则：关于祖辈的法则

　　有时候孩子会改变你与自己父母的关系。运气好的话，大家都能更好地理解彼此，相互更宽容，毕竟，大家都是父母。另一方面，这也会带来一系列新的挑战和期待需要你去应对。无论怎样，你都要改变做一些事情的方式，而这时候小孩又分散了你对父母的注意力。所以，在讲完为人父母的法则后，这里再给出 10 条法则来帮助你应对这些变化，让整个家庭的关系更亲密。

　　毕竟现在至少有三代人在一起相处，这可能带来意想不到的挑战和惊喜，有时甚至会形成一个三角关系，让你无从应对。然而，你是整个特殊三角关系的核心（几何学究请不要置喙），所以你的任务就是确保一切都尽可能顺顺利利。

　　我知道有些父母比较挑剔，如果你不幸有这样的父母，日子肯定不好过。不过，只要你依照下列法则行事，你的家人都会开心得多。没错，你对待父母的方式会影响孩子，会决定他们是否情绪稳定，是否能快乐成长，所以单凭这一点，即使碰上了最难相处的父母，你也要下功夫去搞好关系。

　　我在其他书中也谈到了与父母相处的方方面面，在此不再赘述。所以，下面的这些法则主要讲的是为人父母后怎样与自己的父母相处。

法则
001

不要把父母置于神坛上

　　我有一个朋友，她认为自己的妈妈完美无缺：极为耐心、友善和温柔，从不跟她真生气，总是有时间聆听她倾诉，总是给她幕后指导，从不去控制她。我的朋友爱她的妈妈、尊重她的妈妈，她的妈妈也爱她、尊重她。听起来绝对完美，对吧？是的，直到我这位朋友有了自己的孩子。

　　你看，我的朋友发现，她无法复制自己的成长过程。这太让她吃惊了。她的几个孩子都很可爱，可是他们与孩提时代的她大不相同。所以，不可避免地，她对待孩子的方式也与她母亲对待她的方式不一样。她无法当一个像她母亲那样的妈妈，所以她想知道到底是哪里出了问题，因为这不是她想要的。

　　究竟是哪里出了问题？嗯，实际上，什么问题也没有。这都是可以预见的（即使她之前没有看到）。首先，时代变了，现在的孩子跟以前不一样，现在的压力、机遇和规范也都跟从前不一样。孩子的朋友和同学也和你小时的朋友和同学在行事方式上有很大不同。你的成长过程中那些似乎很正常的规则现在却显得过于严格和苛刻。现在大人们担忧的事情也多了，比如上网，而你小时候几乎还没有上网这回事。

还记得法则 65 吗？不记得了？每个孩子都是独一无二的，父母必须从孩子那里学习如何养育他们（不，这并不意味着他们说了算）。复制父母对你的养育方式是无益的，因为孩子不一样了，父母与孩子之间的关系也不相同，孩子的个数也不一样了（我的朋友是两个孩子之一，她自己则有三个孩子，有三个孩子的父母都知道，男孩真的会改变家里的动态关系）。

每个孩子都会有个体需求，独生子、两个孩子或多个孩子的动态关系会不一样，而且孩子还会有他们这一代的需求。最重要的是，你也有需求。你毕竟跟你的父母不一样，所以采用的是更适合自己的育儿风格。有些父母喜欢和学步的幼儿玩简单的游戏，而另一些父母却讨厌这样。有些父母比较暴躁，而另一些父母极为宽容。除非你是你父母的复制品，否则适合他们的育儿方法就不会适合你。所以，即使你在 18 岁时生了一个孩子，而你妈妈同时也给你生了一个弟弟或妹妹，这两个孩子一起长大，你也不会用同样的方式来对待他们。

读这条法则的时候，你有可能完全蒙了。有些人在为人父母后，一心想用和父母完全不同的方式抚养自己的孩子，而另外一些人则相反。如果你也这样，认为自己的父母很棒，那么你要小心，不要费尽心力模仿他们，也不要像聆听福音那样听取他们的每一个建议。

如果你的父母真的很出色，他们会自知，会让你独自以自己的方式抚养孩子。无论如何，你要时不时地征求一下父母的意见，但不一定非要采纳，也不要试图活成理想状态，那不是真正的你。你有能力成为优秀的父亲／母亲，但要用你自己的方式，而不是别人的方式。

你有能力成为优秀的父亲／母亲，但要用你自己的方式。

法则
002

让他们发挥祖父母
（外祖父母）的作用

我还记得第一次看到我的母亲纵容我的大儿子做我小时候她不容许我做的事，我当时吓坏了。我绝不会让我的孩子这么做，可我的母亲却在公然打破规则，看起来还很无辜的样子。

说实话，我花了一段时间才适应。事实上，只有当我站在她的角度看问题时，我才真正理解她。多年来，作为一个母亲，她一直在扮演坏警察的角色。现在她想改变一下，做个好警察（或者偶尔做个违规者）。她喜爱孙辈们，心甘情愿地把执法权交出去，好让自己成为他们的朋友。当然，如果他们真的失控了，或者有危及自身的行为，她一定会干预，但在其他时候，她更像是他们的同谋。

虽然并非所有祖父母（外祖父母）都采用这种方法，但很多会这么做。多年为人父母，终于可以卸任，这多么美好，所以许多祖父母（外祖父母）在养育孙辈时，其行为与当初养育子女时大相径庭。有些人直接放下多年来一直讨厌却不得不做的事情，比如踢球、下棋、连续 10 次阅读同一本书或发火。我知道，你可能希望你的父母能出去和你的孩子们一起踢踢球，这样，你就可以做点别的事情。但是，父母已经做了自己该做的，而且孩子是你的。放过他们吧！

你要让父母按照他们自己的方式去做，哪怕只是因为你别无选择。但记住，你的孩子可能不止一个祖父母或外祖父母（据我所知，有些孩子最多有 8 个祖父母，因为祖父母和外祖父母都离婚了，各自找到了新的伴侣），所以很有可能他们当中至少有一位喜欢踢足球或反复阅读同一本。祖父母（外祖父母）都有自己的优点和缺点，站在孩子的角度来看，这没什么问题。

作为父母，你可能必须克服自己的弱点，努力做一个全能选手，但孩子的祖父母（外祖父母）已经完成了自己的使命，现在可以自由发挥、扬长避短了。

我知道这会让你很沮丧，但那是你的事情。要多看积极的一面，不要总是盯着消极的一面。他们毕竟还在帮你，要心存感激。

记住，等你终于升级为祖辈，就轮到你挑选你想要参与的活动了。当那个时刻到来时，你很可能会回想起现在："哦，好吧，现在我明白了。"

要多看积极的一面，不要总是盯着消极的一面。

法则
003

不要过分要求你的父母

让我们面对现实吧，为人父母是很累人的，无论你的孩子是半岁、6 岁还是 16 岁。这不仅让人筋疲力尽，而且在后勤上也相当复杂，每多一个孩子就更是如此。工作之余要见缝插针地照顾孩子，接送孩子上下学，送孩子去上体育训练课或去朋友家接他们，组织生日派对，为他们裁剪衣服。

你真正需要的是帮忙。你的父母经验丰富，是最佳人选，能让你的生活稍微轻松一点。

稍等一下。你的父母已经经历过一次（在他们更年轻、更有精力的时候），你不能想当然地认为他们想再经历一次。大多数祖父母（外祖父母）都想帮其子女的忙，但他们的帮助是有限度的。千万不能让他们超过这个限度。不要等着他们说 "不"；如果你不能确定他们愿意帮忙，就不要提出要求。

无论你的父母是否工作，住得近还是远，是夫妻在一起还是单身或有了新伴侣，是 40 岁还是 80 岁，看起来是忙还是闲，你都要记住，孩子是你的。多年前，他们已经全身心地投入过，现在他们有权休息。也许他们之所以看起来好像很闲，是因为他们喜欢这个样子，这是他们应得的。

当然，如果他们想来帮忙，那太好了。大多数祖父母（外祖父母）都只想在某种程度上帮忙。但是，无论他们给予多少帮助，你都要记住：他们的精力已不如前。

他们现在还有自己的生活。

照顾别人的孩子比照看自己的孩子更难，即便是自己的孙辈，因为要受你的规则的约束。

你要一直心怀感恩。

不要因为他们这次给你帮忙，就认为下次你一提要求他们就会来。他们可以拒绝，而你要欣然接受。

所以，你要和父母确定好怎么帮你。也许他们很乐意在白天帮忙，但喜欢把晚上或周末留给自己。也许他们会接送孩子们上下学，但不会为他们做饭。也许他们不介意照顾孩子过夜，但更喜欢在自己家里照顾。

要留心你对父母提的要求，特别要注意，随着孩子的成长，你需要的帮助也会发生变化。确保他们有足够的空间和休息时间，同时又能花时间和孙辈在一起。

———————

大多数祖父母（外祖父母）都想帮其子女的忙，
但他们的帮助是有限度的。

法则
004

不要让他们感到内疚——
即使是无意为之

我们一致认为，要关心父母的需求，并感激他们为你所做的一切。但事情会变得较为棘手。我有个朋友，他已经当外公了。他的女儿要上班，所以他每天接孩子放学。把孩子送到家后，他还要在女儿到家前给他们弄吃的。他的女儿是单亲妈妈，偶尔要出差，所以他得留下来照顾孩子，早上喊他们起床并送他们上学。

几个月前，他跟我说了这些话："我非常爱我的外孙们，和他们在一起很开心。但随着年龄越来越大，我发现越来越力不从心。问题是，如果我不帮忙，我的女儿就干不了这份工作。她要靠我，所以我什么也不能说，但我希望有时能放一天假。"

问题来了。如果你的父母认为没有他们你就无法应对，他们就会有压力，这太不公平了，他们已经在帮你的忙了。我知道这话不好听，但这是事实。要让父母知道你对他们是多么的感激，但又不能让他们觉得无法脱身。这很难平衡，但如果你要向父母寻求帮助，就必须学会这样做。

我的朋友说的是对的，如果他不帮忙，他的女儿就干不了那份工作。但实际上，她可以每周请一两次保姆，或者找个朋友帮忙，甚至另找一份时间更合适的工作。然而，只要她的父亲觉得自己被牵绊住了，不断强迫自己帮她，她就不会靠自己。这很可悲，因为她不知道父亲的感受，如果知道了，她会感到羞愧。

你必须既要感恩，又不能给父母增加太多负担，要在这两者之间找到平衡。不要说"没有你们我都不知道该怎么办了"这样的话，尽管这听起来是在感激父母，但却给父母带来了压力，所以如果你说了这样的话，就要紧接着告诉父母你会找到解决办法，这样，他们能脱开身了。

有时父母也会觉得他们给予你的帮助成了自己的负担，要留意这种迹象。记住，事情会变，父母之前很乐于给予你帮助，但后来生活中有了变化，他们帮不了你了。母亲在髋关节置换术后可能无法再像从前那样帮你那么多忙；岳父有了新伴侣，晚上不太愿意出来帮你照看孩子了。他们的做法一点问题都没有，因为无论父母与你的孩子朝夕相伴，他们都是在帮忙，你不应该认为这理所当然。

要让父母知道你对他们是多么的感激，但又不能让他们觉得无法脱身。

法则

005

学会分享

　　我通过举例来很好地说明这个法则。我的朋友有 3 个孩子，每天疲于应对，她的丈夫每周还要出差好几天。幸好公婆帮她不少忙，她还应付得过来。虽然她的公婆住得有点远，但他们每两周就会来住几天，这给了她喘息的余地，能继续在家里独当一面。

　　后来她的小姑子怀孕了。在孩子出生前不久，小姑子和伴侣的关系破裂了，所以小姑子只能独自面对一个新生儿，还要治愈和伴侣分手带来的创伤。公婆做了什么？在那种情况下你会怎么做？不管你怎么看，这都是一个棘手的问题。公婆觉得他们的女儿最需要他们，而女儿住在城市的另一边，于是他们开始花很多时间和女儿在一起。当然，只要有机会，他们就会去看望孙子和孙女，但他们来的次数一下子减少了，给我这位朋友的帮助也随之减少了。

　　当其他孙辈出生时，祖父母或外祖父母的资源肯定会被重新分配。不然怎么办呢？但无论这多么合乎逻辑，如果你需要他们的帮助，可能就会非常困难。如果你第一个有孩子，这可能会特别扰乱你的生活；如果你最后一个有孩子，就得为兄弟姐妹考虑一下，毕竟他们有可能因此失去父母的帮助。祖父母或外祖父母只能拿出那么多时间，具体怎么分配，要由他们来决定，其他人没有任何权利干涉。

兄弟姐妹有了孩子并不是你们分享父母资源的唯一原因。如果父母单身，他们可能会遇到一个新的伴侣；如果他们的父母之一（你的祖父母或外祖父母）尚在，他们可能需要花更多的时间去照顾自己的父母；也有可能他们换了工作，或参与了其他一些活动，就没法来照顾你和你的孩子了。

无论你是需要父母的帮助，还是仅仅看重他们与孩子之间的关系，如果你只从自己的角度来看这个问题，应对起来会尤其困难。人是很容易产生怨恨的，不仅是对父母，还可能是对兄弟姐妹，因为是他们夺走了父母对你的关注（哦，是的，那些兄弟姐妹之间的宿怨，可能会在多年以后，在你觉得自己应该已经不在意时才显现出来）。没关系，这很正常。但现在你是成年人了，你需要用成年人的方式来处理这件事。试着从父母的角度来看待这个问题。或者想象一下，25 年后，当你面对自己的孩子时，你将不得不做出同样的选择。那时候，你应该像你的父母多年前告诉你的那样，学会友好地分享。

————

当其他的孙辈出生时，
祖父母或外祖父母的资源肯定会被重新分配。

法则
006

父母也是新手

小时候，我们想当然地认为父母对育儿这件事很在行。毕竟，他们的职责是当家长，当然要擅长这一角色。直到你自己做了父母后，你才发现，其实大多数人都是在摸着石头过河，至少在养育老大时是如此。就在你以为自己已经摸到了门道的时候，孩子又进入一个新的年龄段。婴儿、幼儿、学龄前、青少年，你在每个阶段都是新手，因为你以前从没养育过这个年龄段的孩子。

所以，对你的父母来说，当他们的孩子有了孩子时，简直是双重打击，因为作为父母，他们进入了一个全新的时期，而同时，作为新手祖父母（外祖父母），他们又进入一个完全未知的领域。对，他们又要摸着石头过河了。

但这一回难度系数更大，因为他们极有可能既想当好祖父母（外祖父母），但同时又想扮演好你的父母这一角色。所以，如果你发现母亲说了什么难听的话，让你感到不愉快，或者父亲对你那个哭闹的孩子的反应方式让你感到不满，请试着克制一下。要知道，这两个角色对他们来说也都是第一次。

和当父母一样，当祖父母（外祖父母）的方式也林林总总，但每种方式都并不像你希望的那样出自本能。你的父母在边做边学，每一步都在摸索着前进，他们必须要按适合自己的方式来做。

老大出生后，你担心这担心那，每天忙着换尿布，睡眠也不足，所以根本无暇关注父母是怎么应对祖父母（外祖父母）的角色的。你肯定会随他们去，想怎么干就怎么干。几个月甚至几年后，当你总算能抽身关注他们时，他们应该也已经发现了一套他们自认为有效的方法。

假如你这时候觉得自己不太喜欢他们的方法，不要对他们太苛刻。别忘了，他们也在摸索着前行啊！

再说，给一个襁褓中的小婴儿或蹒跚学步的幼儿当祖父母（外祖父母）和给一个 10 岁孩子或青春期的孩子当祖父母（外祖父母），方法是迥然不同的。这一点和给孩子当爸妈一样。所以，你的父母不仅要适应其孙辈的个性，还要根据他们的不同年龄及所处的不同阶段调整自己的方法。

当你的宝贝呱呱坠地后，有些人对祖父母（外祖父母）这个新角色如鱼得水。但如果快进十几年，等孩子进入青春期，跟他们隔了足足两辈，他们可能就要挠头了。

那么，有什么有效的法则呢？如果你对你的父母或伴侣的父母当祖父母（外祖父母）的方式不满，当然可以提出来，但要非常温和地提，老一辈人对于批评很敏感，这也可以理解。你还要认识到，这并不是与生俱来的本能，也不能从书本上或网上的视频中学到。所以，你要降低期望值，对他们宽容一些。这很公平。如果你多担待一些，可能就不会对他们的缺点感到那么痛苦了。

———————

你要降低期望值，对他们宽容一些。

法则
007

—

父母跟你的经历不同

你有没有想过孩子的生活与你自己的生活有多大的不同？我想过。我会回忆起没有电脑、手机和数不清的电视频道的童年。那时，我们的生活有一半时间是在户外度过的（至少是在我的回忆中）；那时老师可以直截了当地表达对我们的看法；如果我们表现不好，父母也会打我们。那完全是另一个世界，而且，那时候一条玛尔斯巧克力只卖 6 便士。

现在再继续回忆，回到遥远的过去，回到你父母的童年时代。那时，他们可能不得不自己补袜子上的破洞，去哪里都要走路，忘记带作业会被老师打手板。好吧，也许你的父母没我这么老，不过，你懂我的意思。

育儿风格也发生了变化。跟今天的大多数父母相比，我的父母那一代期望孩子能为家里做更多贡献，他们认为，如果一个孩子淘气，揍他一顿是理所应当的，而且他们很少跟我们讨论什么，只是直接告诉我们是怎么一回事。

作为父母，你的育儿风格在很大程度上是由你的经历决定的，比如你小时候喜欢什么、讨厌什么，这会对你如何养育孩子产生很大影响。很多父母都想让孩子也拥有他们童年时代那些美好的体验，而且会不惜一切代价地帮他们避开那些糟糕的体验。我有个朋友，她从不让孩子们共用一个卧室，因为她小时候特别讨厌跟姐姐分享卧室。我还有个朋友讨厌孤独，于是他坚决让他的两个孩子睡同一个房间。

你的父母有他们自己的经历，跟你的经历迥然不同。他们可能从小家教很严，觉得这对他们挺有好处，于是自己当了父母和祖父母（外祖父母）后就会沿用这种风格；或者他们可能觉得孩子应该多在户外玩儿，或是应该给什么吃什么，不能挑三拣四。不管你认为父母做得对不对，你都大致知道他们会做什么，而你伴侣的父母的做法可能让你接受不了。你很可能在跟伴侣相处时体验到了这一点，因为他 / 她跟你看待事物的方式可能并不总是相同。不过，作为共同的育儿伙伴，你们更容易相互理解，会尽力做出妥协。

对于你的父母，你没必要妥协。你可以直接告诉他们不要管。不过，他们给你提意见是因为他们在乎你，而且认为自己的方法是对的——有时候他们可能真的是对的。但无论如何，既然他们在帮你照顾孩子，那么让他们按自己的方式来做似乎更合理。你要承认他们与你的视角不同，要学着去重视他们的建议，但不一定要采纳。每一代人的想法中都有一些已经落伍，还有一些永不过时。如果你了解上一代人的经历，就更容易辨别他们的哪些观念已经落伍，哪些没有。

————————

要学着去重视他们的建议，但不一定要采纳。

法则
008

有祖辈总比没祖辈强

　　并不是每个父母都能成为你理想中的完美祖辈。也许你觉得他们作为父母给你造成了伤害；也许他们住得太远；也许自从你和他们的儿子／女儿分手后，你们的关系很难维持。总之，你觉得要下很大力气才能跟他们搞好关系。

　　你的孩子只有那么有限几个可以当他们的祖辈的人。如果你代表孩子割断了与他们的联系，就是在剥夺孩子这一亲情纽带，而他们是无法从别处获得这一纽带的。是的，我知道孩子可以跟祖辈那一代的其他人建立牢固的友谊（我完全支持这个，也很高兴能看到他们这样做，无论他们与祖辈的关系是否亲密）。但是，这和家人不是一回事。比如，你的祖辈了解你父母小时候是什么样，他们能让你了解家族史，而且会无条件地爱你。

　　我自己的孩子中有几个跟我母亲的关系在很多方面比我和她的关系还好。对于她所扮演的母亲这个角色，我是有保留意见的，但她是一个非常好的祖母，比我预想的要好得多。我很高兴她能有机会证明自己。我本可以不把她当回事，不去花心思让她和孩子保持联系，这会让我很轻松。但她付出了努力，她真的很关心孩子，孩子也都知道。

所以，你的任务是努力帮孩子与所有的祖辈尽可能地建立最好的关系，至少要一直维持到孩子足够大，能够自己决定在生活中跟谁建立联系。不管要付出多大努力，甚至可能要忍气吞声，你只需记住，这不是为了你，而是为了孩子。

如果你和孩子的祖辈相处不来，不必每个周末都请他们来吃午餐。你可以找到一种可行的方式来做安排，你甚至都不必在场，或者只跟他们进行短暂的交流。但如果无法真正保持距离，你可以跟他们多多交流。我相信你一定有很多点子，可以将孩子的利益最大化，将自己的不适和困难降到最低。

我也承认有些父母的确会虐待子女，最好让他们远离孙辈，但幸运的是，这种人很少见。如果祖辈只是在态度、人生观或做法上异于他人，这没问题。孩子的变通能力是惊人的，就像他们能理解学校和家里的规则是不同的一样。当然，你也会在那儿照看的。即使父母住得离你们远，也值得努力争取一下。你可能跟父母或伴侣的父母关系不好，但他们可能对你的孩子很好，你的孩子可能也爱他们、欣赏他们。当孩子在你的辛苦努力下与祖辈建立起特殊的纽带时，他们会感谢你。

———————

不管要付出多大努力，甚至可能要忍气吞声，
你只需记住，这不是为了你，而是为了孩子。

法则

009

不要在孩子面前说父母的坏话

　　你的父母是不是有时候会把你逼疯？能跟老一辈相处得特别好的人寥寥无几，有些人甚至跟老一辈搞得很僵。即便你们表面上相处得不错，你也会感觉老人有一些招人烦的习惯，至于令你恼火的习惯就更多了。当老人离开后你关上门时，你可能发现自己长舒了一口气。

　　那么，怎么应对呢？大多数人会找个人好好发一顿牢骚，释放一些压力，这很正常。但是，无论如何这个人都不应该是你的孩子，也不能是孩子近旁的哪个人。他们没有义务帮你承担压力，所以还是去找别人吧。

　　为什么？因为如果孩子觉得你（他们本能地信任你的判断）对他们的祖父母（外祖父母）的看法和他们不一样，就不可能跟他们关系好。如果孩子喜欢某个人，而你却对这个人没好感，这会让他们感到困惑、难过。孩子跟祖父母（外祖父母）的关系是由孩子自己来处理的，如果你插手其中，会让他们觉得很难办。

我知道你想问什么。如果是孩子先抱怨祖父母（外祖父母）的，怎么办？你又改变不了孩子对祖父母（外祖父母）的看法，对吧？不，你能改变，否则会强化孩子的负面情绪。再者，孩子可能现在发了点牢骚，但第二天就忘了。可是，他们不会忘记你曾跟他们一道推波助澜地抱怨祖父一开口就闭不上或祖母脾气不好。

　　那该怎么做？我来告诉你吧。如果孩子不高兴，你要同情他们，但是也要为他们的祖父母（外祖父母）说好话。你可以温和地告诉孩子，祖母很累，她患有严重关节炎，所以情绪容易激动；祖父可能是话太多，那是因为他对所谈的话题感兴趣。

　　如果你把孩子教育得还不错，他们最终就能形成自己的看法。在此之前，你要尽全力培养、呵护孩子与祖父母（外祖父母）的关系。

———————

孩子跟祖父母（外祖父母）的关系是
由孩子自己来处理的。

法则
010

父母爱你，正如你爱你的孩子

对大多数人来说，小时候，父母是世界上最重要的人。难以想象没有他们会怎样。如果没有他们，我们什么都应付不来。我们的世界围绕着父母转。

随着我们渐渐成长，父母依然是我们生活的中心，但我们与父母待在一起的时间越来越少，他们的重要性也没那么突出了。接着我们进入长期的婚后生活，这时我们的配偶甚至比父母还重要。而一旦有了孩子，孩子就成了我们生活的中心（还有配偶）。所以，尽管我们依然爱着父母，但他们已经不再是我们生活的焦点。我们已经放下他们了。

可是，父母是怎么想的呢？想一想，20年后，你对孩子会是什么感觉？你会放下他们吗？我很怀疑。无论你与配偶的关系多么坚实、多么牢固，孩子的幸福永远都决定你的幸福。孩子永远是世界上最重要的人。

你有没有注意到父母（无论处于什么年龄段）是多么喜欢

谈论自己的孩子？中老年朋友聚在一起时，几乎总是会询问彼此子女的情况（有时候不等别人问起，他们就会主动谈起子女的事情）。当然，我们有时候也会谈论自己的父母，但他们通常不会是谈话的重点。

所以，虽然你在某种程度上放下了父母，将重心放在了配偶和孩子身上，但对父母来说，你依然是他们的生活的核心，就像你的孩子在未来的日子也会是你的生活的核心。换句话说，父母仍然像你爱你的孩子那样强烈地、炽热地爱着你，而且将永远如此。

我并不是想让你产生负疚感，觉得自己陪伴父母的时间太少。生活本来如此，爱、关注、关怀和激情总是从上一代身上倾注到下一代身上。但是，你要知道自己对父母的意义有多大，知道对父母来说，与子女保持牢固、积极的关系有多重要，这对你有帮助。父母明白，你需要将重心放在孩子身上（在你出生时，他们跟自己的父母也经历了这个过程），但这不妨碍他们爱你、为你担心。如果你能认识到这一点，并偶尔关注、重视和父母的关系，这将对他们的生活产生巨大影响。

想一想，20年后，你对孩子会是什么感觉？

第十二章

其他不可错过的
人生智慧

要知道，生活中可不仅仅有育儿这件事。如果你是个聪明人，就会想学习那些成功人士在方方面面的表现：生活、理财、工作、恋爱、育儿。幸运的是，我已经替你把苦活都干了——多年来，我一直在观察、提炼和筛选，并将那些诀窍总结成一条条方便的法则。

我一直很担心，不想把这些法则延伸得太远，但在读者的强烈要求下，我已经涉足了那些影响我们所有人的重要领域。所以，在接下来的篇幅中，你会试读这个系列其他书中的一些法则。

如果你喜欢这些法则，对应的书中有更丰富的内容。

你会变老，但不一定变得更睿智

有这样一种假设：随着年龄的增长，我们会变得更睿智。恐怕不是这样。实际上，我们会继续做同样的蠢事，仍然会犯很多错误，只是我们犯的是以前没犯过的错误。我们确实会从经验中学习，可能不会再犯同样的错误，但是现在有一个大坑，里面全是各种新错误，它正等着我们绊倒、跌进去。应对的秘诀就是接受这个事实，在犯了新错误时不要自责。所以本条法则其实要告诉你：当你把事情搞砸时，要善待自己。你要宽恕自己，并接受这个事实：我们会变老，但不一定更睿智。

回首过去，我们总是能看到我们犯的错误，但却看不到那些隐藏的错误。智慧不是指不犯错误，而是指学会在犯错后带着尊严和理智全身而退。

当我们年轻的时候，衰老似乎是发生在老年人身上的事情，离我们很远。但其实，衰老发生在每个人身上，我们别无选择，只有接受它，与它一起前行。无论我们做什么，无论我们是谁，事实就是，我们都会变老。而且，随着年龄的增长，这个衰老的过程似乎会加快。

你可以这样看待这件事：你越老，你犯错的领域就越广。我们总会碰上一些新领域，在这些领域中，因为没有指导方针，我们就会处理不好，会反应过度，会出错。我们越是灵活、越是喜欢冒险、越是热爱生活，就越会探索更多新道路，当然也就会犯错。

只要我们回顾一下过去，看看在哪里犯了错，并下定决心不再犯这些错误，就行了。请记住，所有适用于你的法则也同样适用于你周围的每个人。

他们也都在变老，但并没有哪个人变得更睿智。一旦接受了这一点，你就会对自己和他人更加宽容、友善。

最后，是的，时间确实可以治愈你。随着年龄的增长，很多事情确实会变得更好。毕竟，你犯的错误越多，就越不可能出现新的错误。最好的情况是，如果在年轻的时候就把很多错误都犯了，以后就不用吃那么多苦来学习。而这正是青春的意义所在，它让你把所有能犯的错误都犯了，不给你今后的人生挡道。

———

智慧不是指不犯错误，而是指学会在犯错后带着尊严和理智全身而退。

做你自己

当你碰到一个让你怦然心动的人，你是不是很想改造自己，或者努力变成对方想要的那种人？你可以变得特别老练，也可以变得坚强、沉默、神秘。至少你不会再因不分场合乱开玩笑而让自己感到难堪，也不会再在处理问题时表现得无能为力了。

实际上，你做不到。也许你能装一两个晚上，甚至一两个月，但是要想一直装下去，可就太难了。而且，如果你觉得这个人是你的真爱（你懂的），那么你可能要与他们共度接下来的半个世纪。50 年啊，要一直装老练，或者一直压抑自己与生俱来的幽默感，想想都可怕。

做不到，对吧？你真的想躲在自己打造的这副人格假面后面过一辈子吗？就因为害怕失去对方，所以永远不能让人知道真正的你的日子太可怕了。假如对方几个星期、几个月或几年后识破了你怎么办？那时候你不就崩溃了？对方肯定会很反感，换了你也会。

我不是说你不该尝试偶尔翻开新的一页，让自己变得更好。不仅仅是在谈恋爱这方面，在其他事情上，我们也应该坚持这样做。你当然可以尝试着让自己更有条理或更积极。改善自己的行为总是件好事，但这条法则讲的是改变你的基本个性。这可行不通，你会因此把自己搞糊涂的。

所以，一定要做自己。不如现在就让对方看看真实的你。如果你不是他们想要的人，至少在他们发现之前，你不会陷得太深。没准他们其实不喜欢成熟的人，反而就喜欢你这种直率的幽默感。没准她们就想找个需要照顾的人。

看到了吧，如果你假装拥有某些品质的话，你的确会吸引到某个人，但真正适合他们的人并不是你。这又有什么意义呢？有人就喜欢你这样的人，包括你的全部缺点和毛病。而且，他们不会把它们看成是缺点和毛病，而是会看成你的独特魅力的一部分。他们是对的。

不如现在就让对方看看真实的你。

没人非得跟你一样

坐在我旁边的同事总是将办公桌收拾得干干净净，而我却觉得完全没必要，不但毫无意义，还折磨人。在他的桌上，所有的文件都被码得整整齐齐，咖啡杯被放在精致的小杯垫上，每支笔、打孔器和回形针也都各就各位。这种秩序感也贯穿于他的工作方式中：所有东西用完后都必须立即归位，所有笔记都必须用对应颜色的笔来写，每封电子邮件都依据类别用不同颜色编码并存档，详细的待办事项清单都用编码标明优先级、紧急程度和重要性。

这让我抓狂。这个人不可能冲动地做任何事情，不可能在完成任务的过程中改变方向，不可能自发地提出后续想法，更不能接受我把一份乱糟糟的文件丢在他那完美的方形文件阵列上。我曾经认为这很荒唐，认为他扼杀了自己的创造力，束缚了自己灵活应变的能力。

可是，我最终不得不承认也会出现例外。如果突然发生紧急情况，你猜是谁总能先他人一步找到相关的电子邮件？如果我们忘记了某项任务的某个重要组成部分，你猜是谁会提醒我们？谁总是带着全部文件和备用的副本准时出席每次会议，以防像我这样的人把会议文件落在自己桌上？

实话实说，在很长一段时间内，我看不起这位同事，因为他不像我一样机智，能想出各种点子，也不能让别的部门为我们部门卖力，更不能自发地行动。不过，阻止他做这些事情的并不是他那张井井有条的办公桌。他只是与我不同而已。这张桌子是他的标签，也是他的某种技能的标签（这个技能和我的完全不同）。而且，我逐渐意识到，他的技能至少和我的一样有价值，只是不同而已。

人人似乎都认为自己的方式是最好的，而且有时候还会为有这种想法而愧疚。我们还会认为，那些跟我们不一样的人是不对的（至少没我们正确）。我记得在大约 12 岁的时候，有一天我在一个朋友家过夜，我发现他家使用的是另一个品牌的牙膏，跟我们家用的不一样。我觉得这家人实在太奇怪了——很明显我们家的牙膏是最好的品牌，否则我们就不会用它。那为什么他们不用呢？

我知道，其实你也明白这些道理，只是有时很容易忘记。当别人把我们逼疯了时，我们的第一反应往往是批评他们愚蠢、不理智或不讲理，而不是仔细考虑一下并认识到他们的行为是很合理的，只是刚好不适合我们。可是，如果你想知人善用（为你，也为他们），就必须坚定地承认，你可能不喜欢什么，但这并不意味着它不好。一旦我最终接受了这一点——我的同事永远不会有一张像我那样乱糟糟的桌子，而且这其实很正常——那么喜欢他、欣赏他就容易多了。

————————

你可能不喜欢什么，但这并不意味着它不好。